Herderbücherei

Band 401

Über das Buch

Eine erfahrene Psychologin und Psychagogin analysiert und kritisiert hier zahlreiche Fehlentwicklungen und Fehlerscheinungen der gegenwärtigen Industrie- und Konsumgesellschaft. Sie erklärt, warum sich beim Menschen trotz steigendem Luxus paradoxerweise ein wachsendes Unglücklichsein bemerkbar macht, sie zeigt, welche verhängnisvollen Folgen die mit der Überbeschäftigung der Mütter verbundene mangelnde Zuwendung zu ihren Kindern gerade für diese zeitigt, sie beleuchtet die verschiedensten neurotischen Erscheinungen bei Jugendlichen bis hin zur Jugendkriminalität. Die Autorin setzt sich ferner sehr ausführlich mit den gegenwärtigen pseudowissenschaftlichen Bestrebungen auseinander, die den Menschen unter dem Vorwand, ihn zur Sexualität zu befreien, schon in den ersten Lebensjahren sexuell manipulieren.
Als Ergebnis all dieser Überlegungen werden Möglichkeiten aufgezeigt, wie man angesichts dieser Denaturierungsprozesse dennoch Wege zu einem tatsächlichen Glücklichsein finden kann.

Über die Autorin

Christa Meves, geboren 1925, Studium der Germanistik, Geographie und Philosophie an den Universitäten Breslau und Kiel, Staatsexamen in Hamburg, dort zusätzlich Studium der Psychologie, Psychagogen-Ausbildung an den Psychotherapeutischen Instituten Hannover und Göttingen. Frei praktizierend in Uelzen, Arztfrau und Mutter zweier Töchter. 1974 Verleihung der Wilhelm-Bölsche-Medaille. 1976 Prix de l'Amade. Neben Veröffentlichungen in Fachzeitschriften folgende Bücher:
Erziehen lernen in tiefenpsychologischer Sicht (Bayerischer Schulbuchverlag, [5]1975), Erziehen und Erzählen – Von Kindern und Märchen (Kreuz-Verlag, [4]1974), Verhaltensstörungen bei Kindern (R. Piper & Co., [5]1975), Mut zum Erziehen (Furche-Verlag, [6]1974), Die Schulnöte unserer Kinder (Furche-Verlag, [5]1974), Ich will leben. Briefe an Martina (Verlag Weißes Kreuz, [3]1976), Ermutigung zum Leben (Kreuz-Verlag [4]1975), Freiheit will gelernt sein (Herderbücherei Band 517 [4]1976), Wer paßt zu mir (Verlag Weißes Kreuz [3]1976), Ninive darf nicht untergehen (Verlag Weißes Kreuz [4]1976).

Christa Meves

Manipulierte Maßlosigkeit

Psychische Gefahren
im technisierten Leben

Herderbücherei

Originalausgabe
erstmals veröffentlicht als Herder-Taschenbuch

1. Auflage Juni 1971
2. Auflage September 1971
3. Auflage November 1971
4. Auflage Dezember 1971
5. Auflage Februar 1972
6. Auflage März 1972
7. Auflage August 1972
8. Auflage November 1972
9. Auflage März 1973
10. Auflage Mai 1973
11. Auflage Dezember 1973
12. Auflage Februar 1974
13. Auflage Mai 1974
14. Auflage Januar 1975
15. Auflage Juli 1975
16. Auflage Dezember 1975
17. Auflage Juli 1976

Alle Rechte vorbehalten – Printed in Germany
© Verlag Herder KG Freiburg im Breisgau 1971
Herder Freiburg · Basel · Wien
Freiburger Graphische Betriebe 1976
ISBN 3-451-01901-9

Inhalt

Einführung 9

Über die Schwierigkeit, im Wohlstand glücklich zu sein   13

Neurotische Verwahrlosung – ein Teilaspekt des Jugendproblems 19

Besitzstreben, Ideologie und Wirklichkeit 39

Kindergarten – Patentlösung der Zukunft? 47

Verunsicherte Weiblichkeit 55

Konkurrenzkampf als Ventil? 71

Zur Sexualität befreit – zur Abartigkeit verführt? 83

Abgeschaffte Schuld 115

Der verkopfte Mensch 129

Einführung

Wer in den vergangenen Jahren praktisch tiefenpsychologisch gearbeitet hat, steht mit gebannter Anteilnahme vor den neuen Erziehungsnöten; denn mit der Einkehr des Wohlstandes in jedes Wirtschaftswunderhäuschen begann sich in den fünfziger Jahren durch die Möglichkeit zur Verwöhnung eine im Übermaß unnatürliche und damit unbekömmliche Atmosphäre für Kinder auszubilden, die mir zu schlimmen Prognosen Anlaß gab. Man konnte voraussehen, daß sich ab 1970 die seelische Erkrankung ,,neurotische Verwahrlosung" mit der Symptomtrias: Passivität, Bindungslosigkeit und Ordnungsfeindlichkeit zur kollektiven Volksseuche ausbreiten würde. Und wir können seitdem – ganz bestimmt für die nächsten 15 Jahre – sagen, daß sie für uns ein von Jahr zu Jahr schwerer zu bewältigendes Problem werden wird.

Ich warnte rechtzeitig. Ich konnte mit tiefenpsychologischer Argumentation anhand der sich in der Praxis verifizierenden Antriebslehre auch ankündigen, daß durch eine so kollektiv betriebene falsche Pädagogik im Säuglings- und Kleinkindalter die Diebstahlskriminalität mitten im Wohlstand, ja eben mittelbar durch ihn bedingt, unbeherrschbar werden würde, wobei sie nur *ein* Symptom ist jener kaum revidierbaren seelischen Erkrankung: nämlich des Unvermögens, durchhaltend und aus eigenem Antrieb zu arbeiten. Aber nichts geschah in den deutschen Landen . . .

Man war mit Blindheit geschlagen. Zwar waren die krankmachenden Gefahren eines überbordenden Denaturierungsprozesses als Lehrbuchwissen rechtzeitig parat (siehe z. B. das grundlegende Werk von Annemarie Dührssen: Psychogene Erkrankungen von Kindern und Jugendlichen, das 1954 erschien), aber es wurde kollektiv nicht zur Kenntnis genommen – und so nahm ein neues deutsches Elend unaufhaltsam seinen Lauf.

Aber diese uneinsichtige Blockierung gegen dringend notwendige Erkenntnisse läßt eben in jüngster Zeit eine konsequente Folgeerscheinung sichtbar werden: Sie setzen sich in

Form eines undifferenzierten revolutionären Trends mit dem Schlachtruf „Emanzipation für alle" geradezu überschießend durch. Dabei kommt es im Eifer des Gefechts zu vielen unrealistischen Übertreibungen und Verstiegenheiten. *Alle* Autorität, *alle* Ordnung, *alles* Leistungsdenken ist böse, bedeutet Repression und muß – u. U. mit Gewalt – abgeschafft werden. Lust, besonders sexuelle Lust, ist das höchste Ziel auf Erden (deshalb sollte man bereits Säuglinge zu sexuellen Betätigungen anhalten, damit sie Aussicht haben, dieses hohe „Klassenziel" im Erwachsenenalter auch wirklich zu erreichen). Die Familie gehört zum alten Eisen eines verkommenen Establishments – man sollte sie auflösen. Aggressionen und Besitzstreben sind die Folgen erzieherischer Fehleinstellungen – man sollte das verhindern, indem man Kindern in Zukunft keinerlei Einschränkungen mehr auferlegt, usw. usw.

Gestaute, im Rückstand befindliche Entwicklungsimpulse drängen überschießend zu aggressiven Aktionen und vermischen sich mit neurotischer Unzufriedenheit, gierigem Neid und kranken Riesenansprüchen, wie sie zum Wesen unserer neuen Volksseuche gehören. Das Konglomerat ist in seinen Erscheinungsweisen ebenso faszinierend wie beängstigend. Läßt sich der Prozeß aufhalten? Führt er zu gesundmachenden Verwandlungen – oder ist dieses die Agonie, die Spengler meinte?

Ich, als „Fachfrau", befinde mich in der geradezu tragischkomischen Situation eines tierärztlichen Beraters, der den Besitzer eines Wolfshundes ebenso unermüdlich wie vergeblich gewarnt hat, das Tier nicht in einer so unangemessenen Weise zu behandeln, sondern ihm die seiner Natur entsprechenden Lebensmöglichkeiten zur Verfügung zu stellen, da er sonst zum gefährlich bissigen Untier entarten würde, und der nun erlebt, daß das Tier mit dem Mut der Verzweiflung die Leinen zerrissen hat und dazu ansetzt, nicht nur für seinen Besitzer, sondern für alle, auch für den Warner selbst lebensbedrohlich zu werden.

Es bleibt uns in dieser Situation nichts anderes übrig, als so laut wie möglich Alarm zu geben, d. h. auf die Gefahren unkontrollierter Schrankenlosigkeiten hinzuweisen.

Die Aufsätze, die in diesem Büchlein enthalten sind, sind

solche Warnungen – aus der Not bewußten Beobachtens geboren. Sie wollen Informationen liefern, die wir m. E. dringend brauchen, um die Entwicklung wieder steuern, planen und in den Griff bekommen zu können. Sie wollen verhindern, daß die Pferde weiter so mit uns durchgehen und wir den Abläufen hilflos ausgeliefert sind. Dazu brauchen wir vor allem nicht Utopien, sondern Besinnung darauf, was uns Menschen in dem begrenzten Bereich, in den wir durch unser So-und-nicht-anders-Sein nun einmal gestellt sind, zu tun möglich ist oder wo wir – unsere Grenzen überschreitend – uns durch kollektive seelische Erkrankungen ins Verderben zu stürzen drohen.

Die Warnungen zu Maß und Grenze, die in dieser Schrift bestimmend sind, dürfen nicht mißverstanden werden als ein reaktionärer Rückzug in eine konservative Geisteshaltung. Sie sind aus banger Verantwortung für unsere Zukunft entstanden und in der Hoffnung, daß es sie für uns und unsere Kinder doch noch in Freiheit geben kann, wenn wir bereit sind, an der gefährlichen Lage, in der wir uns befinden, unsere Möglichkeiten und unsere Grenzen besser kennenzulernen.

Uelzen, im Februar 1971   *Christa Meves*

Vorwort zur 5. Auflage

Daß dieses Taschenbuch in wenigen Monaten 5 Auflagen erfuhr, ist mir ein Zeichen, daß von vielen Menschen meine Sorge geteilt und nach Hilfe gesucht wird aus der Wirrnis der Übertreibung und Maßlosigkeit heraus.

Über die unerwartet große Beachtung, die die Schrift in Presse, Rundfunk und Fernsehen erfuhr, ging die Zahl der persönlichen Schreiben an mich weit hinaus. Dabei ist mir viel Anregung zuteil geworden, viel Gemeinsamkeit und geistige Verbundenheit bekundet worden, für die ich dankbar bin.

Kritik entzündete sich vor allem an dem Kapitel „Zur Sexualität befreit". Manche Leser fragten, ob ich nicht doch eine reaktionäre Tendenz zur Prüderie habe. Dazu soll noch einmal ausdrücklich gesagt werden: Nur gegen *Übertreibungen* wendet sich dieses Kapitel. *Daß* behutsame Geschlechtererziehung sein muß, *wie* sie sein kann, ist in anderen Büchern (s. Erziehen lernen in tiefenpsychologischer Sicht) von mir hinlänglich dargestellt worden. M. E. haben gerade wir Tiefenpsychologen die Aufgabe, aus unserer Einstellung und Erfahrung heraus dort zu warnen, wo man im Begriff steht, über das Ziel hinauszuschießen. Zunehmend mehr Kinder zwischen 10 und 14 Jahren zeigen in der psychologischen Testuntersuchung schwere Traumatisierungen im Sexualbereich, und nicht selten läßt sich eruieren, daß sie durch einen drastisch-blutigen Aufklärungsfilm (sogar in der Schule vorgeführt!) hervorgerufen worden sind. Wenn wir immer mehr Kindern die Voraussetzungen zur Kontaktfähigkeit durch die Verhinderung der frühen Mutter-Kind-Beziehung nehmen und sie dann im Grundschulalter sexuell traumatisieren, wird sogar auch die Zahl der Sexualdelikte ansteigen müssen. Jedem leichtfertigen „Befreier zur Lust" sollte das Ausmaß solcher Verantwortung bewußt sein!

Durch die Erfahrung mit seelisch Kranken möchte die Schrift helfen, daß mehr Menschen ihre Kräfte sammeln, damit Zukunft werden kann.

Uelzen, im Januar 1972 *Christa Meves*

Über die Schwierigkeit,
im Wohlstand glücklich zu sein

„Es gibt Praxistage", so berichtet ein Arzt, „die besonders anstrengend sind; nicht die sind das, in denen extrem schwere Krankheitsfälle behandelt werden müssen, auch nicht einmal die, an denen es besonders viel zu tun gibt. Am meisten schlaucht es, wenn eine größere Anzahl von Patienten, unabhängig von den Beschwerden, um deretwillen sie den Arzt aufsuchen, ihn mit einer fundamentalen Unzufriedenheit, Mißgestimmtheit, mit ihrem äußerlich nicht begründbaren Unglücklichsein konfrontiert. Solche Patienten können von einer kostspieligen, die Kasse arg strapazierenden Kur zurückkommen – aber ihr Mißmut hockt mit ihnen auf dem Stuhl, genauso wie vor der Verschickung; sie sind von einem sie plagenden Leiden befreit – schon machen sie neue Schmerzen unglücklich, für die sich ein organisches Leiden nicht finden läßt; sie können mit einer gut angepaßten Brille wieder klar sehen, nörgeln aber über das Gestell, über das Beschlagen der Gläser, sie wollen mehr, anderes, Teureres – es ist ihnen nichts recht, und sie sind nicht glücklich zu machen."

Hier wird doch wohl eine Ungereimtheit deutlich, die zum Nachdenken zwingt: Es gibt in unserem Wirtschaftswunderschlaraffenland so viele Glücksangebote und durch die allgemeine Kaufkräftigkeit des Bundesbürgers auch so viele Möglichkeiten zu ihrer Verwirklichung. Unsere Straßen, unsere Feierabende, unsere Zeitungen sind übervoll mit Angeboten zum Glück: „Ein Fünferstück fürs große Glück" schallt es aus dem Fernsehgerät, und dann wird kommentiert: „Gewinne für viele Millionen Mark: Reisen, Häuser, Autos, Farbfernseher.

– Geben Sie einem Fünfer die Chance, für Sie ins Glück zu rollen!" Glück durch Konsum von Waschmitteln, Kosmetika, Medikamenten, Nahrungsmitteln, Haushaltsgeräten, Versicherungen, Genußmitteln aller Art verheißt die Werbung mit exemplarisch vor Glück strahlenden Fotomodellen. Und gewiß regt sie damit zum Kauf an; denn die Sehnsucht nach Glück gehört zum Urtraum der Menschheit.

Aber warum gibt es dennoch in dieser Wohlstandsgesellschaft und in diesem Sozialstaat so viel permanentes Unglücklichsein bei den Menschen?

Meines Erachtens ist es allein bereits mit Hilfe von Selbstbeobachtung möglich, dieser Frage näherzukommen. Es gibt eine große Skala von Wunscherfüllungen, die unmittelbar ein Gefühl von Befriedigung und Glück auslösen. Damit ist aber keineswegs gewährleistet, daß dieses Glücksgefühl erhalten bleibt, wenn häufig eine Wiederholung stattfindet oder der ersehnte Zustand fortgesetzt erhalten bleibt. Das trifft für außerordentlich viele der Dinge zu, die von der Werbung angepriesen werden. Ob es sich um das Reisen, das Haus, das Auto, um materiellen Reichtum oder sexuelle Befriedigung, um lukullische Genüsse, um Macht, Anerkennung oder beruflichen Erfolg handelt – an Wunscherfüllungen dieser Art, die das Leben erleichtern, verschönern oder steigern, gibt es merkwürdigerweise sehr rasch eine Gewöhnung, die das Gefühl von Glück und Befriedigung wieder einschränkt. Jedenfalls kommt es auf diese Weise allein selten zu einer Dauerhaftigkeit des Glücksgefühls, im Gegenteil – im allgemeinen tritt nach einer Zeit permanenten Genusses ein *negatives* Gefühl, das von Überdruß und Übersättigung, in den Vordergrund und läßt Sehnsucht entstehen nach anderem, Besserem und Neuerem. Die Alten haben das immer gewußt und in den großen Weisheitsbüchern, der Bibel, dem I-Ging, dem Koran, niedergelegt; auch z. B. das Volksmärchen „Vom Fischer und sin Fru" zeigt das Unvermögen des Menschen auf, durch ein äußerlich „sattes" Leben glücklich zu werden. Unsere Zeit könnte uns in dieser Hinsicht ein besonders guter Lehrmeister sein, weil es – und das ist eben durch die wirtschaftliche Hochblüte unseres Landes bedingt –

noch nie so viele Menschen gab, die so viele ihrer Wünsche befriedigen, und sicher noch nie so viele, die mit sich die Erfahrung machen konnten, daß dauerhaftes *Glück* auf diese Weise keineswegs garantiert ist, sondern im Gegenteil: mehr als in entbehrungsreichen Zeiten in Frage gestellt ist. Woran liegt das?

Weil die Glücksmöglichkeiten, die am naheliegendsten sind und uns daher am leichtesten einfallen, so daß die Werbung mit Recht auf eine solche Wunschwelt bauen kann, sich auf die Erfüllung natürlicher, vitaler Bedürfnisse beziehen. Die Befriedigung dieser Bedürfnisse, die die Lebens- und Arterhaltung garantieren, wird durch ein Gefühl von Lust prämiiert, während ihre Nichtbefriedigung mit Unbehagen, mit Unlust verknüpft ist. Dieser „Trick" der Natur garantiert es, daß der Mensch nach Befriedigung seiner Antriebe strebt. Er empfindet mit Recht, daß lästige Spannung auf diese Weise abgebaut und in glückliches Entspanntsein übergehen kann. Zum Wesen dieses Lust-Unlust-Prinzips gehört es aber auch, daß es keinen *dauerhaften Zustand* wunschlos-glücklicher Entspannung geben kann, selbst dann nicht, wenn uns permanent die gebratenen Tauben in den Mund fliegen würden: Die Verwandlung von Unlust in Lust ist an die „triebverzehrende *Endhandlung*" – wie die Verhaltensforscher sagen –, also an eine immer wieder einsetzende neue Anstrengung und Spannung geknüpft. Auf dem Feld der vitalen Antriebe, jener Bedürfnisse, die um unser eigenes Ich kreisen, kann es also nur das *kurze* Glück geben, die Lustbefriedigung desjenigen Moments, in dem der natürliche Antrieb sein Ziel erreicht. Zu diesen primitiven Antrieben gehören alle jene Bereiche des Menschen, die man mit den Worten Nahrung, Besitz, Geltung, Macht und Sexualität umschreiben könnte. Der Mensch, der also meint, dauerhaft glücklich werden zu können, indem er allein diesem Ziel zustrebt, kann dabei in „Teufels Küche" geraten; deshalb kann Goethe Mephisto auch mit Recht triumphierend sagen lassen:

> Er soll mir zappeln, starren, kleben
> und seiner Unersättlichkeit
> soll Speis' und Trank vor gier'gen Lippen schweben

> er wird *Erquickung* sich umsonst erflehen
> und hätt' er sich auch nicht dem Teufel übergeben –
> er müßte doch zugrunde gehen!

Das ist eine sehr eindringliche Warnung Goethes: Gerät man – wie sein Faust – aus Sehnsucht nach Glück auf den Weg des primitiven Genusses, so kann das in Sackgassen oder gar Abgründe führen.

Überlegungen dieser Art lassen uns aber doch vielleicht einige Erkenntnisse gewinnen über das Wesen des Glücks.
1. Glück ist ein schwer faßbares, zur Verflüchtigung neigendes Gefühl.
2. Es ist durch die Erfüllung vitaler, egozentrischer Ziele wohl kurzfristig, aber nicht dauerhaft erringbar.
3. Es kann um so größer sein, je mehr Anstrengung, Kraft, Ausdauer oder gar Schmerzen und Opfer es gekostet hat, ehe man zum Ziel kam.

Aus diesen Gegebenheiten läßt sich der Schluß ziehen: Es muß eine Rangordnung von Glücksmöglichkeiten geben. An ihrem unteren Ende steht das anstrengungslose Beschenktwerden mit Nahrung, Besitz, Macht oder Sexualität, an ihrem oberen Ende das Glück geistiger Erfüllungen, die durch Entbehrung und Verzicht auf primitive und egoistische Bedürfnisse erreicht werden. In Mozarts „Zauberflöte" werden diese beiden Pole des Glücks und der Lebenserfüllung in den Prüfungen des Tamino und des Papageno dargestellt. Papagenos Glück bleibt im Bereich des Genusses, wird aber dem Menschen in liebevoller Einsicht in seine Bedürfnisse und seine Schwächen gütig-humorvoll zugebilligt. Tamino erringt höchste Weihen und höchste Erfüllung durch eine mutig-asketische, verschwiegene und gehorsame Haltung.

Höchste Formen des Glücks, dieses Gefühl beseligender geistiger Erfüllung zu erreichen, ist anscheinend nur mit Hilfe speziell *menschlicher* Anstrengungen möglich. Ein liebendes Paar z. B. wird nicht dadurch dauerhaft glücklich sein können, daß jeder dieser beiden sexuelle Befriedigung erfährt. *Dauer* wird ihr Glück nur dann haben, wenn sie aus Rücksicht, aus

Respekt voreinander, aus Verantwortung füreinander gegenseitig bereit sind, auf die Befriedigung egoistischer Wünsche auch verzichten zu können – eben um des geliebten anderen willen. In einer ähnlichen Weise wird für den modernen Menschen eine Voraussetzung zur verinnerlichten Form von Glück nur dann gewährleistet werden können, wenn er gegen die dröhnende Versuchung zum Konsumzwang sich *Konsumverzichte* auferlegt, die es ihm ermöglichen, Muße zu finden, Zeit zu haben zum Anschauen, zum Anhören, zum Empfinden und Fühlen. Diese durch Verzicht auf ein Fernsehstück, ein Festessen oder einen lockenden Kriminalroman erworbene Muße kann die Voraussetzung dafür sein, daß sich neue Tore zum Glück öffnen: zur Freude an der Natur, zum tieferen Verstehen im Betrachten eines Kunstwerkes, zu einer beglückenden Stille, aus der die Möglichkeit zu erfühlter Erkenntnis, zum schöpferischen Einfall oder zu schöpferischem Gestalten wachsen kann. Denn der Mensch, soweit er zum Menschsein reift, ist darauf angewiesen, in tätiger Bemühung nach höheren Entwicklungsformen zu streben, nach Stufen, auf denen es möglich wird, durch die Oberfläche der Welt hindurchzuschauen in die Schicht, in der die Geheimnisse des Lebensgrundes aufleuchten. Denn erst hier lassen sich dauerhafte Quellen zu menschlichem Glück und schöpferisch-geistiger Kraft finden.

Deshalb spricht die Bibel auch für den modernen Menschen noch aktuelle Wahrheit aus, wenn sie sagt, daß eher ein Kamel durch ein Nadelöhr ginge, als daß ein Reicher ins Himmelreich käme. Der Himmel des Glücks, d. h. seine höchste Form, läßt sich nicht durch anstrengungslosen Genuß und materiellen Besitz erkaufen. Im Gegenteil: ein Sozialstaat, der den Menschen zu leicht ihre vitalen Bedürfnisse zu befriedigen und sie allein zu ihrem Gott zu ernennen hilft, gerät in die Gefahr, daß sich immer mehr Menschen unzufrieden und unglücklich fühlen, daß immer mehr Menschen seelisch krank werden. Die Erfahrung, daß wir auf diese Weise versumpfen, kann uns zum Segen gereichen, in der hoffnungsvollen, auffordernden Erkenntnis, daß in der Tat mehr, Besseres, Höheres, „Teureres" mit uns selbst gemeint ist.

Neurotische Verwahrlosung – ein Teilaspekt des Jugendproblems

Um Mißverständnisse zu vermeiden, muß eingangs betont werden, daß keineswegs *generell* über neue Jugendgruppen referiert werden wird, sondern über eine bestimmte Artung von Jugendgruppen – nämlich über die *Bande*. Damit soll keineswegs in Abrede gestellt werden, daß es gesunde Jugendgruppen gibt, deren Reformbestrebungen wünschenswert, ja dringend notwendig sind. Hier soll aber in bewußter Eingrenzung nur über einen Teilaspekt unserer Jugendprobleme gesprochen werden, und zwar über den psychopathologischen, über die sogenannte neurotische Verwahrlosung.

Mit diesem Wort bezeichnen wir Tiefenpsychologen eine seelische Erkrankung, die in den Lehrbüchern der psychoanalytischen Schulen ihren festen Platz hat. Die Symptomatik der neurotischen Verwahrlosung ist relativ einförmig, und wer vor zwanzig Jahren in der praktischen psychotherapeutischen Arbeit stand, bekam sie hie und da als einen einzelnen, besonders schweren Fall zu Gesicht, wobei der in dieser Weise seelisch kranke Mensch sich meist als Einzelgänger zeigte, als einer, dessen Anpassungs- und Kontaktschwierigkeiten dazu geführt hatten, daß er als ein Ausgestoßener dahinvegetierte oder sein gemeinschaftsfeindliches Unwesen trieb.

Heute hat sich das Bild vollständig verändert. Die Zahl der solcherart kranken Kinder und Jugendlichen hat so zugenommen, daß selbst ein in einer kleinen Kreisstadt arbeitender Psychagoge wie ich binnen kurzem ein Heim mit Hunderten von Plätzen damit füllen könnte. Darüber hinaus aber ist das Bild verschoben: Selten noch begegnet man dem neurotisch verwahrlosten Jugendlichen als isoliertem Einzelgänger; es gibt Gleichgesinnte in großer Zahl, und sie schließen sich meist zu lockeren, nicht sehr langlebigen Gruppen, gelegentlich aber schon zu recht aktiven Banden zusammen. Man kennt sich und läuft ohne besondere Verabredung in den Abendstunden in bestimmten Lokalen zusammen und fühlt sich dort, rauchend, trinkend, unter Beatgedröhn herumsitzend, doch mehr oder weniger zusammengehörig – in scharfer Unterscheidung und Abtrennung von den sogenannten Etablierten.

Man könnte fragen: Ja, inwiefern ist denn das krank, ist das nicht einfach nur ein neuer Stil der Gruppierung und der Freizeitgestaltung – eine Reaktion auf den Leistungsdruck, den beklemmend arbeitseintönigen Alltag mancher dieser Jugendlichen? Nun, das mag für einige von ihnen zutreffen. Hier soll aber nur von denen gesprochen werden, bei denen gründliche psychologische Untersuchung und Erhebung der Vorgeschichte das Krankheitsbild der neurotischen Verwahrlosung sichtbar machte, und ich kann aus meiner Erfahrung sagen: Das sind viel mehr, als man annehmen möchte. Einige Beispiele sollen den Sachverhalt verdeutlichen:

Ich lernte Bianca bei einer vom Amtsgericht angeordneten psychologischen Untersuchung kennen. Sie war zwanzig Jahre alt und hatte seit ihrem Schulaustritt im Alter von 16 Jahren dreizehnmal den Arbeitsplatz gewechselt; das heißt, sie war jedesmal mit mehr oder weniger großer Heftigkeit von ihren Arbeitgebern vor die Tür gesetzt worden. Oft hatte sie Arbeitskameraden Geld aus Taschen oder Portemonnaies gestohlen, oft war sie auch nur durch grobe Unpünktlichkeit, Unsauberkeit, oder störende Schwatzhaftigkeit lästig geworden, so lästig, daß die Arbeitgeber sie für ihren Betrieb als untragbar empfanden. Im Alter von siebzehn Jahren war sie nur dadurch nominell längere Zeit in einem Arbeitsverhältnis, daß sie wegen einer Schwangerschaft das Mutterschutzgesetz in Anspruch nehmen konnte. Das Kind, dessen Vater zu Unterhaltszahlungen nicht heranziehbar war, weil die Anzahl der in Frage kommenden Männer zu groß war, lebte recht und schlecht bei der Großmutter. Bianca war jetzt abermals schwanger, und es war sicher, daß dieses Kind nach seiner Geburt in einem Heim würde verbleiben müssen, da Bianca so träge war, daß sie nicht in der Lage sein würde, dieses zweite uneheliche Kind zu versorgen.

Bianca entstammte äußerlich höchst bürgerlichen Verhältnissen. Ihr Vater war ein ausgezeichnet tüchtiger Staatsbeamter gewesen, war aber tödlich verunglückt, als seine Tochter noch ein Säugling gewesen war. Biancas Mutter war durch dieses Ereignis anscheinend aus der Bahn geworfen worden. Sie war eine lustige Witwe mit häufig wechselnden Männerbekanntschaften, die ihrem Kind nur noch wenig Zuwendung zuteil werden ließ und es vielen verschiedenen Personen überlassen hatte. Schließlich hatte sie einen sehr viel jüngeren „Freund" bei sich aufgenommen, mit dem sie – nun wieder berufstätig – in Onkelehe lebte. Dieser junge Mann, der berufslos war, nahm sich der kleinen Bianca zunehmend mehr an; vom fünften Lebensjahr Biancas ab begann er sie durch Manipulieren am Genitale sexuell zu stimulieren. Mit neun Jahren hatte sie mit diesem Onkel zum ersten Mal Geschlechtsverkehr. Sie kam in die Oberschule, wo sie trotz einer überdurchschnittlichen Intelligenz so versagte, daß man sie auf die Realschule versetzte. Dort führte sie in der 8. Klasse mehrere Klassenkameradinnen in einer verschwiegenen Jagdhütte dem Onkel zu, der die kleinen Mädchen „in die Liebe einführte", während Bianca zuschaute. Auch von dieser Schule wurde sie entfernt, nachdem ruchbar geworden war, daß sie Geld gestohlen und mehrere Male Kameradinnen zum Besuch in einem nahegelegenen Obdachlosenheim angestiftet hatte, wo die Mädchen in scheinbar unbekümmerter Kumpanei mit den Pennbrüdern schliefen. Natürlich nahm Bianca „die Pille", aber leider doch nicht so regelmäßig, wie sie selbst auch bedauernd registrierte, daß nicht inzwischen doch einmal etwas „passierte".

Wenn Bianca gegen Abend auf die Straße ging, nachdem sie entweder schlafend oder rauchend den Tag im Bett verbracht oder sich wieder einmal auf einem Bürostuhl herumgedrückt hatte, fand sie fast immer bald irgendwelche Kumpel. „Ob man zusammengehört, erkennt man auf Anhieb, das riecht man geradezu", meinte das Mädchen. Damit waren nun keineswegs Männer mit eindeutig sexuellen Wünschen gemeint – im Gegenteil; „eigentlich ist das, was mich anzieht, gerade, daß ihnen alles genauso egal ist wie mir. Das Sexuelle ist gar nicht das Wesentliche, das passiert dann so, wenn man ziemlich voll ist – und weil man schließlich auch kein Spielverderber sein will; aber an sich habe ich davon überhaupt nichts, ich bin da völlig empfindungslos", sagte Bianca. Das ist übrigens eine Erfahrung, die wir sehr allgemein in der Praxis machen: Verfrüht praktizierte Sexualität führt keineswegs zu beglückender genitaler Reife bei den Mädchen, sondern gerade umgekehrt zu Frigidität und dem Unvermögen zu gebundener liebevoller Partnerschaft zu zweit. Was aber dann ersehnte sich dieses Mädchen, wenn nicht Sexualität, was dann hatte es zu diesem Lebensstil gebracht? Auch das konnte Bianca nur vage artikulieren: „Na, daß man so zusammen feiert, daß die auch alle *direkt* aus der Flasche trinken. Und das geht eben in der ‚Scheune‘, da ist man wie eine große Familie. Alle sitzen an einem Tisch, aber keiner belämmert den anderen." Man könnte sagen: Diese Gruppe pflegte gemeinsam einen stumpfen Trink-, Rauch- und Lärmfrieden.

Aber daß damit die Aktivitäten nicht erschöpft waren – das zeigten nicht nur Biancas Schwangerschaften. In jüngster Zeit hatte die Gruppe so etwas wie einen „Boß" bekommen, einen drahtigen, schwarzhaarigen Napoleontyp von neunzehn Jahren mit federndem Gang und faszinierend blauen, einen dämonischen Zauber ausstrahlenden Augen. Er besaß schon einige Vorerfahrungen mehr als die anderen mit „Bullen" und „Knast", mit „Zupfen" und „gut Holz" und wie man „Dinger" dreht, die weiteren Knast in die Ferne rücken, gewissermaßen aufschieben. Sparsam nur ließ Stanz hie und da ein Wort fallen – über vergangene Taten und künftige Möglichkeiten. Aber die zehn Jungen und zwei Mädchen, die sich hier allabendlich trafen, horchten begierig auf. Es war ein leichtes für Stanz, den sogenannten Danger-Club zu gründen, dessen Mitglieder sich Rocker nannten. Sie schworen Stanz Treue bei dem silbernen Kreuzlein, das ihm um den Hals hing – denn er war von Haus aus Katholik. Das Kreuz wurde denn auch zum Symbol der Bande, die von Stanz mit eiserner Hand zusammengehalten wurde. Die Bande führte ein relativ langes Leben, insgesamt mehr als zwei Jahre, in denen sie Hunderte von kleinen bis größeren Raubzügen ausführte – oft nur nach Eßbarem und Trinkbarem. (Vereinshäuser ohne Hauswart eignen sich für solche Einbrüche besonders gut.) Oft „zupften" oder demontierten sie Zigarettenautomaten, stahlen Mopeds und verkauften sie; schließlich kam es zu Überfällen auf Hausfrauen, denen man auf einsamer Straße mit vorgehaltener Spielzeugpistole ihre Taschen und Portemonnaies entriß. Als die Belohnung, die die Polizei ausgesetzt hatte, hoch genug war, ging das Bandenmitglied Kuddel hin, spielte den Unbeteiligten, verpfiff den Haufen, strich die Belohnung ein und tauchte unter. In einigen Briefen, die das Bandenmitglied Manni an den von Kuddel verschonten und deshalb noch ungeschorenen Pedro schrieb, der widerrechtlich, aber auch nur noch kurz, die Freiheit genoß, kommt der Bandenstil und die naiv-illusionistische Heldenhaltung solcher Jugendlichen zum Ausdruck. Einer dieser Briefe hat folgenden Wortlaut:

Hallo, Pedro! Wie geht es Dir? Was macht die Scheune? Du hängst ja wieder voll drin. Stanz, Sabbel und Achim haben ja allerhand zu erwarten. Kuddel hat uns in die Pfanne gehauen. Auch Guido und Affit haben alles gestanden und uns verpfiffen. Ich brauchte nur zu bestätigen. Ich habe jetzt 43 Sachen. Allerhand Holz. Ich habe nur noch zwei Freunde, die in Freiheit sind – und das bist Du und das ist José. Ich will versuchen zu fliehen. Das kann ich aber nur mit Eurer Hilfe. Ich erkläre Euch jetzt den Fluchtplan: Wenn Ihr an mein Zellenfenster 'ranwollt, müßt Ihr erst über eine Mauer in einen kleinen Hof steigen. Dazu besorgt Ihr Euch am besten eine zwei bis drei Meter lange Leiter. Wenn Ihr im Hof seid, könnt Ihr Euch ungezwungen bewegen, denn von draußen kann Euch keiner sehen. Leise müßt Ihr natürlich sein, denn auch unter uns gibt es Spitzel. Wo meine Zelle ist, seht Ihr auf der Zeichnung. Sie befindet sich im 1. Stockwerk, also oben. Dann müßt Ihr eine Rolle Band, deren eines Ende Ihr in der Hand behaltet, über meine Blende, die vor dem Fenster ist, werfen. Wenn Ihr merkt, daß ich das andere Ende habe, dann müßt Ihr folgende Sachen anbinden: 10 m gute Wäscheleine, vier Eisensägen, eine Tube Uhu, ein Messer oder Dolch oder eine Stahlrute. Wenn möglich auch eine Flasche Schluck und Zigaretten. Das alles packt Ihr am besten in eine Papiertüte (Einkaufstasche aus Papier). Die Tasche ziehe ich dann mit dem Bindfaden 'rauf. Das ist alles.

Es Leben die Rocker

Let's Go

Rocker

DANGER CLUB
UELZEN

Pedro Heinzi
Sabbel
Stanz
Manni Henry
Buddel
Achim Jose
Harry

Jimi Hendrix Buddy Holly Chubby Checker
Elvis Fat's Domino Jerry Lee Levis Jim Reddy
Littel Richart

Knast verschieben!!!

Der Brief schließt mit der Zeichnung des Bandensymbols, dem Ausruf: Es leben die Rocker! und einem Knastlied, dessen 5. Strophe in heldischer Düsternis lautet:

> Wohin nur ihr alten Ganoven
> wohin nur bei stockdunkler Nacht
> wir gehen auf Biegen und Brechen
> bis uns eine Kugel erhascht.

Der Plan mißlang; zwar verstand es Manni, den Brief mit einem Besucher hinauszuschmuggeln – aber die beiden „einzigen Freunde", Pedro und José, machten damit einen schnöden Erpressungsversuch und brachten sich auf diese Weise schließlich allesamt gegenseitig vor den Kadi.

Wie also sieht der Geist solcher Gruppen von Verwahrlosten aus, wie kommt es überhaupt zu ihrem Zusammenschluß?

Wir sahen an unserem Beispiel in einer sehr allgemeingültigen, typischen Weise: In losem Zusammenschluß bestand die Gruppe bereits längst, bis dann der „Boß" hinzukam, das Feuer anfachte und die Gruppe aktivierte. Und zwar basierte sie auf der Gleichheit einer seelischen Verfassung der einzelnen, auf der Einheitlichkeit ihrer inneren Gestimmtheit. Bianca drückt es mit den Worten aus: „... daß ihnen allen alles genauso egal ist wie mir". Diese Gestimmtheit der Gleichgültigkeit zeigt sich in der Unbeweglichkeit der Gesichtszüge, im schlurfend-lässigen Gang, in der betont unordentlichen Kleidung, in Unrasiertheit, Ungewaschenheit und Langmähnigkeit.

Das soll natürlich nicht heißen, daß jeder langmähnige Jugendliche heute ein Verwahrloster sein muß. Keineswegs, der Verhaltensstil des Verwahrlosten ist zur Mode geworden und hat mittlerweile Angepaßte und Mitläufer in großer Zahl gefunden, aber daß ausgerechnet das äußere Erscheinungsbild der neurotischen Verwahrlosung in unserer Zeit zur Mode werden konnte, ist ein aufschlußreiches und alarmierendes Symptom. Denn der *echt* Verwahrloste trägt dieses Bild keineswegs allein aus heldischem Protest zur Schau, das ist meist lediglich sekundäre Motivation. Primär *kann* der Verwahrloste gar nicht ordentlich sein, weil er zu den Willensakten, die Ordnung und Sauberkeit voraussetzen, keine ausreichende Antriebskraft besitzt. Das morgendliche Aufstehen, das für einen Gesunden eine zumutbare Willensleistung ist, bedeutet für einen in dieser Weise seelisch Kranken eine kaum realisierbare Forderung. Und wenn er unter Druck und meist zu spät schließlich doch dem Bett und damit oft auch dem lästigen Gezeter von Müttern und Wirtinnen entflohen ist, reicht der Antrieb zu zusätzlichen zivilisierenden Leistungen wie Waschen und Rasieren selten aus. Diese Passivität, die ein wesentliches Charakteristikum der neurotischen Verwahrlosung darstellt, ist aber im Grunde nicht einfach nur Faulheit, sondern basiert auf einer fundamentalen Resignation, die die Antriebsschwäche und im negativen Teufelskreis von Angetriebenwerden und Enttäuschungen Gleichgültigkeit als Schutz gegen ein Übermaß von Unlust hervorruft. Diese seelische Gestimmtheit wird aber nicht erst in der Schule oder in der Lehre durch die Mißerfolge dort erworben, sondern diese Gefühlslage bringen solche Menschen bereits aus ihrer frühen Kindheit mit.

Die Tiefenpsychologie weiß seit zwanzig Jahren, daß diese seelische Erkrankung ihre Ursache hat in der mangelnden Bindung des jungen Kindes an seine Mutter. Dieser Prozeß ist merkwürdigerweise ein Lernvorgang, der sich im ersten Lebensjahr des Kindes ausbildet, und zwar über den intensiven Kontakt zwischen Mutter und Kind. Besonders leicht neigen Kinder zu Verwahrlosungserscheinungen, die als Babys von Hand zu Hand gereicht wurden, lange von ihren Müttern getrennt waren und im ersten Lebensjahr nicht in den Genuß einer ausschließlichen Zweisamkeit mit der künftigen Erzieherin kommen durften. Jede langfristige Entfernung von der Mutter kann bewirken, daß die Möglichkeit, feste Bindungen einzugehen, lebenslänglich herabgesetzt wird. Denn dem, der es nicht lernte, sich zu binden, fehlt später Nachahmungsbereitschaft und Gefolgstreue, Eigenschaften, die die Voraussetzung bilden für die Bereitschaft, von den „Großen", den Erfahrenen etwas zu lernen. Außerdem kann auch ein unangemessenes Füttern, vor allem Überfüttern ohne Sauganstrengung, die spätere Bereitschaft zu Arbeitsanstrengung zusätzlich herabsetzen, weil solche Kinder weiter unbewußt den Anspruch haben, die gebratenen Tauben sollten ihnen von allein in den Mund fliegen. Da die Tauben das später nicht tun, reagieren solche Menschen in Situationen, in denen eine erhöhte Arbeitsanstrengung von ihnen erwartet wird, mit empörtem Protest.

Wenn man diese Zusammenhänge erfaßt, wird klar: Mit der zunehmenden Berufstätigkeit vieler Säuglingsmütter, mit der „Technisierung" der Kindheit, die statt Liebe und Opferbereitschaft vorgekaute Materie anbietet, mit tischfertiger Nahrung, dem Spielzeug, dem Fernsehen, dem stundenlangen Transportiertwerden im Fond eines Autos, so daß eine maßlose Verwöhnung provoziert wird, muß die psychische Erkrankung „neurotische Verwahrlosung" geradezu eine seuchenähnliche Gefahr in der westlichen Welt werden. Denn während die Kinder früher starben, wenn ihre Grundbedürfnisse unzureichend befriedigt wurden (Heimkinder sind wesentlich anfälliger als Mutterkinder), sorgt die Medizin heute dafür, daß alle diese Kinder groß werden. Die Folgen sind heute bereits kollektiv sichtbar. Da sich die Anstrengungsbereitschaft bei immer mehr Kindern einschränkt, muß das Niveau der Schulleistungen konsequenterweise absinken. Dadurch wird vor allem die höhere Schule gezwungen, ihren Leistungsanspruch herabzusetzen; denn niemals sonst könnte sie der Forderung nachkommen, eine große Zahl von Abiturienten zu produzieren. An diesem Problem: der Forderung nach der großen Zahl von Akademikern und der um ein Vielfältiges erhöhten Passivität der Schüler heute, ist das Gymnasium in Deutschland bereits seufzerlos zugrunde gegangen.

Aber die neurotische Verwahrlosung gibt es auch in den sogenannten einfachen Kreisen der Bevölkerung, ja sie ist hier noch wesentlich verheerender und zeigt sehr viel offenkundiger ihr eigentliches Gesicht: Sie zeigt sich in dem konstanten Ansteigen der Jugendkriminalität, wobei Diebstahl und Einbruch als Triebdurchbruch der fundamental Zu-kurz-Gekommenen an der Spitze stehen. Denn die Verwöhnung wirkt als Frustration, da die Grundbedürfnisse nach Antriebs*betätigung* nicht erfüllt werden, so daß das Kind diffus-angstvoll mit Aggression reagiert. Daß trotz der hohen wirtschaftlichen Blüte der BRD die Zahl der Diebstahldelikte von Jahr zu Jahr konstant ansteigt, sollte uns klarmachen, daß jede oberflächliche Ursachentheorie damit ad absurdum geführt ist.

So besteht der lose Zusammenhalt unter den jugendlichen Verwahrlosten keineswegs allein in der ihnen allen gemeinsamen oberflächlichen Gleichgültigkeit. Ja, zunächst sucht man das „Gast"-haus, in dem man gemeinsam aus Flaschen viel, oft betäubende Flüssigkeiten zu sich nimmt. Daß man sich dort im Gegensatz zu dauernd (mit Recht) unzufriedenen und nörgelnden Bezugspersonen nicht gegenseitig „belämmert", wie Bianca so schön sagt, sind primäre und wesentliche Motive für den Zusammenschluß. Die Resignation treibt zur Regression, d. h., man sucht im Gasthaus den Frieden, und zwar den forderungslosen, säuglingshaften, passiven Frieden an einer Mutterbrust – und dafür hat sich das Gasthaus mit seiner Kauffülle von Trinkbarem seit eh und je als verführerisches Surrogat angeboten. Aber weil der gesuchte Friede eben doch nur in einem Ersatz gesucht wird, befriedet er den eigentlichen Wunsch nicht dauerhaft, zumal der Unfriede als dumpfes Unbehagen, als nagende Aggression diffus, unbestimmt und generalisiert tief in der eigenen Brust sitzt. Diese dumpfe Unzufriedenheit, die solche Menschen aufgrund ihrer negativen frühkindlichen Erfahrungen als Charakterzug, als Gefühlsprägung in sich tragen, macht es aus, daß die betäubend lärmvollen Dunsthöhlen den Frieden denen nicht erbringen, die ihn dort suchen. Deshalb bedarf es nur eines geringen Anstoßes durch einen aktiv-aggressiven Anführer, um die unter der Asche der Gleichgültigkeit glimmernde aggressive Glut zu hellem Feuer zu entfachen. Keineswegs aber trägt dieses Feuer zunächst den Stellenwert unmotivierter Wut allein. Zur Bande wird eine Gruppe von Verwahrlosten unter dem vereinigten Entschluß, Diebstähle, Raubzüge zu organisieren. Denn die Gestimmtheit der Verwahrlosten ist nicht allein die einer ärgerlichen Enttäuschtheit an der Welt, nein, in einer charakteristischen Weise typisch steht hinter der Passivität dieser Menschen eine kaum bezwingbare Habgier. Ich habe bei der psychologischen Untersuchung von Jugendlichen aus solchen Banden noch niemals erlebt, daß sie erst durch die Bande zum Stehlen verführt wurden. Sie haben im Alleingang längst schon vorher immer einmal gemopst, mit sechs Jahren der Mutter die Groschen aus dem Portemonnaie, mit sieben den Negerkuß beim Kaufmann, mit acht das Kleingeld aus den Manteltaschen der Mitschüler, ab neun Jahren in Selbstbedienungsläden. Viel, viel Ärger, Schläge, Diffamierungen, ja ab 14 Jahren oft bereits der ein- bis mehrtägige Freizeitarrest gehören in die düster-tragische Vorgeschichte solcher Jugendlichen. Viele zusätzliche negative Erfahrungen bewirkten also eine Verschlimmerung der seelischen Erkrankung. Der Zusammenschluß zur räuberischen Bande bedeutet lediglich eine Summation des in den einzelnen angestauten Antriebsdrucks, endlich satt zu werden, endlich genug zu haben, um das dumpfe Gefühl des Zu-kurz-gekommen-Seins, des Habenichts zu beseitigen. Dieses Geschehen, der Stau von kaptativen, zugreifenden und aggressiven Antrieben im einzelnen und ihre Summation im Bandenzusammenschluß vollzieht sich streng nach biologischen Gesetzen des Triebgeschehens.

Diese Antriebe benötigen ein Triebobjekt, nach dem sie im sogenannten Appetenzverhalten suchen und an dem sich in der sogenannten *Endhandlung* der Trieb verzehrt, so daß eine Triebbefriedigung erfolgt. Die Voraussetzung zur frühkindlichen Triebbefriedigung liegt in der Passung zwischen Antriebsobjekt und der adäquaten Betätigungsmöglichkeit an ihm. Wird die Verwirklichung dieses Antriebsgefüges im ersten Lebensjahr vereitelt, so kommt es zu Verhaltensstörungen der beschriebenen Art.

Dabei gibt es viele Gradunterschiede dieser Erkrankung. Bei den meisten Kindern und Jugendlichen heute zeigt sie sich in ihrer schwächsten Form, als Passivität, als schwer überwindliche Trägheit, als Sucht nach Trinkbarem und bei vielen Kindern schon als Stehldrang. Aber weder den Verurteilern noch den Verurteilten sind derlei Zusammenhänge im Bewußtsein, im

Gegenteil: Es bedarf vieler weiterer negativer Erfahrungen, ehe die Räuber selbst nach wiederholten Schiffbrüchen begreifen, daß auch viel, viel erbeutetes Geld nicht den Frieden bringt. Nach den ersten gelungenen Raubzügen dominiert die Lust an der Beute und das erstmalig erlebte erhebende Gefühl von lebendiger Gemeinschaft, die nach einem Plan handelt, ein Gefühl, das diese Jugendlichen im positiven Sinne nicht vorher haben erleben können.

„Nie werde ich jetzt wieder davon lassen", sagte mit leuchtenden Augen ein Jugendlicher zu mir in der Untersuchungshaft und indem er fast zärtlich die rechte Hand auf die Gesäßtasche seiner Nietenhose legte: „Denn was ist das für ein Gefühl, da hinten eine so volle Tasche zu haben. Scheine, lauter Scheine. Wir haben nach dem Einbruch alle nicht mehr gearbeitet – wir haben gefeiert, gesoffen und die Leute ausgehalten, bis nichts mehr da war."

Typisch ist also weiter im Verhalten solcher Jugendlicher, daß es nur in seltenen Fällen zu regulären Käufen und damit zu Anlagen des erbeuteten Geldes kommt – etwa zum Kauf von Waffen, Motorrädern oder Autos, die man sich doch erträumt –, im allgemeinen wird die Beute buchstäblich wieder einverleibt, indem man das Geld vertrinkt. Aus diesen Gegebenheiten wird deutlich, daß die so im Mittelpunkt stehende Habgier ursprünglich nicht einem vernunftgesteuerten Streben nach Sachbesitz entspringt, sondern süchtiges Getriebensein ist aufgrund eines elementaren emotionalen Hungergefühls. Weil dieser Hunger eigentlich auf dem dranghaft gesteigerten Bedürfnis nach *emotionaler* Sättigung und *emotionaler* Geborgenheit beruht, deshalb ist der Zusammenschluß zur Bande außerordentlich naheliegend; denn gerade die Einigkeit mehrerer Menschen gibt ja dem Schwachen das Gefühl von Stärke, versteckt den Schutzlosen, birgt den Frierenden. So könnte die Bande in ihrer bergenden Funktion geradezu eine Möglichkeit zur Selbstheilung enthalten, wenn, ja wenn sie nicht eben aus einer Gruppe von Verwahrlosten bestände. Denn da solche Jugendlichen, selbst wenn sie *Menschen* angegriffen und geschädigt haben, keineswegs Gewissensbisse bekommen, erweist sich der Zusammenhalt der Gruppenmitglieder als höchst instabil, wenn Krisensituationen eintreten. Die Bindungslosigkeit und damit der Mangel an Solidaritätsgefühl und damit die Gewissenlosigkeit – nur unter dem summierten Antrieb zu *gemeinsamem* Raub kurzfristig eliminiert – tritt sofort auf den Plan, wenn es gilt, den eigenen Pelz zu retten und mit dem Inanspruchnehmen polizeilicher Belohnung oder mit Erpressungen auf Kosten der einstigen Kumpel den Kopf aus der Schlinge zu ziehen.

In Prozessen gegen solche Banden ist man immer wieder überrascht, mit welcher Skrupellosigkeit die einstigen Kumpel sich gegenseitig belasten, sich verraten und im Stich lassen, jedenfalls die, die sie als die Schwächeren im Bunde kennengelernt haben. Mein Beispiel am Anfang demonstriert einen immer wieder stereotyp in Erscheinung tretenden Tatbestand. Die feste Mutter-Kind-Beziehung, die Einübung auf das Du hin, die zärtliche Verzichtbereitschaft um des geliebten anderen willen fehlt als Grunderfahrung; das läßt sich bei fast allen untersuchten Jugendlichen dieser Art feststellen und stempelt sie zu Seelenkrüppeln, deren amputierte Gefühlsantennen kaum noch wieder ersetzbar sind. Denn ihnen fehlt das Gewissen und damit die entscheidende steuernde innere Instanz.

Meines Erachtens ist es von außerordentlich großer Wichtigkeit, daß sich uns der Blick für diese beängstigende und tragische Wirklichkeit nicht verstellt, daß wir nicht hereinfallen auf die rationalisierten, sekundär sanktionierten Scheinmotivationen der oft hochintelligenten Bandenanführer. Zu allen Zeiten, nicht erst seit den Raubzügen des Schinderhannes, brauchen Räuberbanden moralisierende Begründungen ihrer Taten. Der Bandenführer Stanz in meinem eingangs beschriebenen Beispiel, der bei den nächtlichen Raubtaten, für die er die Pläne gemacht und die Rollen verteilt hatte, lediglich zusah wie Napoleon auf dem Feldherrnhügel, wußte mir eine halbstündige Erklärung für das Treiben seiner Bande abzugeben: Das Eigentum ist falsch verteilt, die Reichen haben zuviel, die Armen zu wenig, die *Gesetze* unserer Gesellschaft allein sind ungerecht. Was sie stählen, gehöre im Grunde ihnen, und man enthielte es ihnen lediglich vor. Auf meine Frage, warum man dann aber einer armen Rentnerin ihre letzte Barschaft stehle, warum man einen Arbeitersohn, der sich mühsam eine Tankstelle erarbeitet habe, zusammenschlägt, um ihm seine Tageseinnahme zu rauben, erwidert Stanz, leider ließe sich das nicht immer so einrichten, daß es die Richtigen träfe; aber durch jede Tat dieser Art sollte demonstriert werden, daß diese Gesellschaft durch und durch verrottet sei. An dieser Stelle ist es von Wichtigkeit zu unterscheiden: Hier wird unbewußt Habgier zwar ideologisiert und damit entstellt, und dennoch wird, wie in jedem kollektiven Symptom, etwas Richtiges zum Ausdruck gebracht: Im Symptom der Verwahrlosung zeigt sich in der Tat eine Fehlentwicklung der Gesellschaft, die den positiven Stellenwert hat, warnendes Signal zur dringend notwendigen Veränderung zu sein. Eine solche Ideologisierung, wie Stanz sie vorbrachte, bewirkt eine Verstärkung des Zusammenhalts von Banden. Sie ermöglicht es vor allem dem Bandenanführer, mit Hilfe ideologischer Schlachtrufe, d. h. also mit einem Appell an überpersönliche Aufgaben der einzelnen Bandenmitglieder, diktatorisch einen Bandenkodex aufzustellen, der meist mit äußerstem Druck und aggressiver, ja sadistischer Unnachgiebigkeit und Konsequenz eingehalten wird. Alle Bandenmitglieder bekundeten während des Prozesses nach der Entfernung von Stanz aus dem Gerichtssaal, wieviel zitternde Angst sie vor ihrem Anführer gehabt hätten, daß er für Unachtsamkeiten bei den Taten später unvermittelt Fausthiebe ins Gesicht ausgeteilt habe, daß Ungehorsam und Übervorteilung mit Züchtigung geahndet worden seien.

Solche Erfahrungen im kleinen sollten uns eindrücklich lehren: Ein Kollektiv von Verwahrlosten ist in der Tat nur mit unfreiester Diktatur zu bändigen. Denn die fehlende Gewissensbildung ist allein durch eine massive Ängstigung ersetzbar, und nur die Ideologisierung des unterschwelligen aggressiv-kaptativen Antriebsdrucks kann eine Zeitlang das brüchige Band bei einer größeren Menge von bindungslosen einzelnen bilden. Aber darüber hinaus wird deutlich: Dieser Neid der Armen gegen die Reichen als Motor ihres Renegatentums ist nur per Verschiebung, wie wir Fachleute sagen, auf den Raub materiellen Besitzes gerichtet. Sowohl Stanz als auch Bianca stammten aus wohlhabenden Elternhäusern, und die anderen Bandenmitglieder hatten alle Gelegenheit gehabt, genügend Geld zu verdienen und davon behaglich zu leben – wären sie nur bei ihrer Arbeit geblieben, hätten sie nur genug Ausdauer, genug Durchhaltevermögen gehabt. Nein, *arm* waren diese Jugendlichen allein aufgrund der Verarmung ihres Gemüts – und ohne es zu wissen, suchten sie auch dieses eine: ihr Heil, die Fülle, den Frieden, die Erlebnisfähigkeit ihrer *Seele*.

Die fatalen Verwechslungen von Zu-trinken-Bekommen, von Sexualität oder Geld-Haben mit dem Ursprungsbedürfnis *Liebe*, vorenthaltene Liebe zu bekommen und dadurch reich zu werden, läßt sich eindeutig aus den vielen, oft wie sinnlos scheinenden Verhaltensweisen und Ersatzhandlungen nachweisen – bis hinein in das strahlende Kreuz, auf das sie schwören und das Manni in verzückter Akkuratesse im Untersuchungsgefängnis zu Papier bringt. In der opferbereiten Liebe ihrer Mütter, für die das Kreuz in der Tat ein Symbol zu sein vermag, hätte das Heil ihrer Seele liegen können – aber dafür ist es endgültig zu spät, und der Raub von Surrogaten des Vorenthaltenen heilt ihre Wunden nicht.

In den kommenden Jahren ist mit einer Eskalation und Quantifizierung verwahrloster Gruppen zu rechnen. Der Weg von Gammler- und Rockergruppen zu beziehungslosen Massenmorden ist von der Situation des gestauten Antriebsgeschehens in vielen jungen Menschen heute keineswegs mehr unvorstellbar lang. Die Aktivierungsbereitschaft liegt vielmehr geradezu auf der Hand und bedarf immer nur eines einzelnen, der den Anlaß gibt, des einen besonders schwer Kranken, wie es uns der Amerikaner Manson, der Lebach-Mörder Fuchs und die Mahler-Bande in letzter Zeit schreckerregend vor Augen geführt haben. Hoffen wir, daß solche Geschehen Ausnahmen bleiben; aber Aussicht darauf haben wir nur, wenn wir aus ihnen zu lernen bereit sind. Mansons Motivation für die Mordtaten, er habe den Anschein erwecken wollen, sie seien von Negern begangen worden, um auf diese Weise das Fanal zu setzen für eine Massenschlacht der Schwarzen gegen die Weißen, klingt irre. Und doch entspricht sie in einer typischen Weise einem Merkmal der neurotischen Verwahrlosung: nämlich den immer vorhandenen illusionären Riesenerwartungen als Folge von Projektionen der eigenen unter Antriebsdruck aufgeblähten Wunschphantasien. Manson drückt damit symbolhaft und vollständig unbewußt aus, was *er* unter dem Verhaltenszwang seiner traurigen Vorgeschichte verwirklichen mußte: In ihm selbst war der „dunkle" Haß, das Ressentiment, der Neid auf seine Umwelt so angestaut, daß er überbordete und das „Weiße" in ihm damit vollständig zugrunde richtete.

Außerdem sind Verwahrloste wegen der depressiven Gestimmtheit in ihrem Inneren immer besonders anfällig für jede Form von Betäubungen, sie sind aus diesem Grunde immer suchtanfällig. Wird aber unter dem Einfluß der Gifte die Decke der Resignation gesprengt, die, als harmlos scheinende Gleichgültigkeit getarnt, die Aktivitätslähmung verursachte, so bricht – durch keine Steuerungsfaktoren mehr gehemmt – die gestaute kaptative Aggressivität selbst bei dem Passivsten der Gruppe so aus, wie wir es in den Mordtaten von Hollywood erlebten.

Es ist an der Zeit, daß wir unser Kokettieren mit dem angeblichen „Verständnis" für diese armen Jugendlichen, die sich gegen den Leistungsdruck und die Repressionen der Gesellschaft zu wehren glauben, aufgeben; denn damit verharmlosen wir ein böse-heißes Eisen. Wir unterschätzen damit die Dämonie des Bösen, wie es in Form von gestauten Antrieben als Rache der Natur an dem ihr entfremdeten, hochmütigen Menschen sichtbar werden kann. Mit einer überheblichen Geste des Verzeihens, mit lässiger Humanitätsduselei ist solch methodengerechter, zielgerichteter Wahnsinn nicht aus der Welt zu schaffen. Auch wenn wir ein sozialistisch vollkommenes Gesellschaftssystem verwirklicht haben würden, wäre es gewiß, daß die Krankheit „neurotische Verwahrlosung" und der Zusammenschluß der so Erkrankten zu Banden nicht ausgerottet werden würde, solange man dem Menschen nicht eine ihm adäquate, biologisch notwendige Erziehung und Entfaltung in der Kindheit zuteil werden ließe. In dieser Hinsicht sind wir auf dem falschen Weg: indem wir die jungen Mütter von ihren Säuglingen fort, zurück an die Arbeitsplätze holen, indem wir den entwertenden Begriff der Nur-Hausfrau eingeführt haben, indem immer mehr Säuglinge und Kleinkinder täglich von Hand zu Hand gereicht werden.

Was aber wird werden, wenn eine solche Generation herangewachsen ist? Es wird uns dann wohl nichts anderes übrigbleiben, als die Leute zu Rate zu ziehen, die Erfahrungen mit Gruppen von Verwahrlosten haben: die Sozialarbeiter der Fürsorgeheime, die Gefängnispsychotherapeuten. Denn mit einem verstehenden Auf-die-Schulter-Klopfen ist dem Problem ganz bestimmt nicht beizukommen: Nicht umsonst ist diese Krankheit die schwerste unter allen umweltbedingten Verhaltensstörungen, sie ist oft hartnäckig therapieresistent und bedarf der konsequenten Hand eines wohl verstehenden, aber dennoch festen Erziehers, der die Gefährdung der Ordnung unter gar keinen Umständen duldet – zum eigenen Heil des Zöglings, dem die Reife zur Freiheit noch fehlt, da er partiell entwicklungsgehemmt ist. Diese Krankheit hat ihre spezifische Verlaufsform mit ungünstiger Prognose, ihre Therapie ist Sisyphosarbeit und bedarf der kundigen Hand. Bei uns Praktikern gilt die Regel: Nimm *einen* Verwahrlosten oder *zehn* andere Neurotiker, denn seine Therapie kostet oft sogar mehr Kraft, als ein einziger Mensch hat. Daraus resultiert die bange Frage: Wie wird unser Staat mit einem Kollektiv künftiger Verwahrloster fertig werden? Daß dann die Diktatur, wie sie Stanz praktizierte, allein die äußere Ordnung, ohne die eine größere Zahl von menschlichen Individuen nicht existenzfähig ist, schaffen könnte, ist zu befürchten, eine Diktatur, die uns allen die Handlungsfreiheit weitgehend nehmen würde. Wenn wir uns, von Verwahrlosten angeführt, den Schrei nach immer mehr Freiheit auf den Lippen, zur Anarchie verführen lassen, statt uns freiwillig zu binden, freiwillig den biologischen Gesetzen zu gehorchen, denen wir naturgemäß nun einmal unterworfen sind, dann werden wir genau das Gegenteil von dem erreichen, was wir uns erträumen, nämlich: Ängstigung statt Befreiung, Gefangenschaft statt Unabhängigkeit.

Ich möchte zusammenfassen: Die Zukunft der zivilisierten Völker in der westlichen Welt ist von einer seelischen Erkrankung bedroht, die um so gefährlicher ist, als sie weder diagnostiziert noch in dem Ausmaß ihrer Verbreitung, die zu gemeinschaftsgefährdenden Gruppenbildungen führt, erkannt ist. Sie äußert sich:

1. generell in der Ablehnung von Ordnung als Folge einer mutlosen Antriebsschwäche. Sie zeigt sich häufig zunächst in einer großen Unordentlichkeit in Kleidung und Lebensweise. Später kommt es unter dem Motor von Aggressionen, die im Teufelskreis von Fehlverhalten und Frustration der Umwelt verstärkt werden, zu mehr oder weniger heftigen Protesten gegen die gerade bestehenden Ordnungsformen;
2. in illusionären Riesenansprüchen aus einer Gestimmtheit des Zu-kurz-Gekommenseins, des Nicht-Habens heraus. Sie bewirkt die erhöhte Anfälligkeit für Eigentumsdelikte;
3. in einer tiefgreifenden Passivität. Sie führt in eine mangelnde Durchhaltefähigkeit bei der Arbeit. Das Fehlen der Anstrengungsmöglichkeit (etwa in der Ausbildung sich über Durststrecken hinweg für ein Fernziel einsetzen zu können) läßt Verhaltensweisen sichtbar werden, die als „Faulheit" zu Tage treten;
4. in dem Unvermögen zu gefühlsmäßiger Bindung und damit Einschränkung des Verantwortungsgefühls für den Nächsten, wodurch eine Einschränkung der Opferbereitschaft hervorgerufen wird;
5. in der Verkümmerung des Gewissens und damit der fehlenden Steuerung der natürlichen primär egoistischen Triebimpulse, wie Machtstreben, Besitzstreben, Sexualität;
6. in einer negativistischen, nihilistischen, feindselig bis rachsüchtigen Weltsicht und damit einer Neigung zu gewalttätigen, undifferenzierten Racheakten, die
7. einem unbestimmten Gefühl fundamentaler Enttäuschung und Resignation aufsitzt und die Anfälligkeit für betäu-

bende Süchte (Alkohol, Nikotin, Rauschgift, Lärm- und Sexorgien) fördert.

Es ist dringend an der Zeit, daß wir unser Kurieren an den Symptomen aufgeben. Weder durch Beschlagnahme und Verbieten der Rauschgifte noch dadurch, daß wir den Stanz, Pedros oder sonstigen Räuberhauptmännern das Feld überlassen, können wir uns heilen, sondern nur dadurch, daß wir die Krankheit an der Wurzel packen und dem Menschen an seinem Lebensanfang die Entfaltungsbedingungen erfüllen, ohne die er tierischer als jedes Tier, keineswegs aber ein liebesfähiger, und das heißt ein gruppenfähiger Mensch wird. Denn Gruppenfähigkeit ist noch nicht dadurch gegeben, daß eine Anzahl von Menschen ein in ihnen gemeinsam vorhandenes, mehr oder weniger bewußtes Bedürfnis in gezielter Aktion zu befriedigen sucht, wie in der Bande, Gruppenfähigkeit im eigentlichen Sinne ist erst vorhanden, wenn Menschen in Rücksicht und Respekt füreinander und in der Bindung an eine heile Ordnung in der Lage sind, sich selbst aus der Mitte zu stellen um eines überpersönlichen Zieles willen, das sie in durchhaltender Treue und in freiwilliger Verantwortung anzustreben vermögen.

Besitzstreben, Ideologie und Wirklichkeit

Viele Zustände in unserer Gesellschaft sind fragwürdig. Wir wollen, wir müssen sie ändern. Eine junge Generation ist aufgestanden, die nicht mehr bereit ist, das überkommene System achselzuckend und resignierend hinzunehmen. Einer der Zentralpunkte der Kritik richtet sich gegen das kapitalistische Denken, gegen eine Wertung und Machtzusammenballung, die durch den Umfang des Geldsackes bestimmt wird. Diese falschen, inhumanen Wertungen kann man nur abbauen – so haben unsere jungen Revolutionäre erfaßt – durch eine Einstellungsänderung, heute sagt man Bewußtseinsveränderung, des Menschen. Sie zu erreichen sei wiederum nur eine Frage der Erziehung. Denn, so meint man, auch hier gelte der Satz: Was Hänschen nicht lernt, lernt Hans nimmermehr. Das neue Erziehungsmodell, das sich in diesem Bereich aufgrund solcher Denkansätze heute entwickelt hat, ist von schlichter Logik. Nach dem Motto „Wehret den Anfängen" erscheint es richtig und sinnvoll, kleine Kinder so wenig wie möglich mit Besitz vertraut zu machen, sie so früh wie möglich an das Vorhandensein eines unpersönlichen Allgemeingutes zu gewöhnen, ohne Alleinansprüche, Absonderungs- und Abgrenzungswünsche zu tolerieren, sie bereits im Kleinkindalter sozusagen mit Sozialismus zu impfen. Man glaubt, das zu können, weil man von der Vorstellung ausgeht, daß das Besitzverhalten in unserer Gesellschaft heute lediglich auf dem Wege über die falschen Wertvorstellungen der Erzieher von den Kindern erlernt und von ihnen imitiert wird.

Das entspricht aber nicht der psychologischen Wirklichkeit.

Die Vorstellung, daß das Besitzstreben des Menschen lediglich durch eine unnatürliche Fehlerziehung hervorgerufen wird, ist ein Denkmodell, so erstrebenswert das Ideal sozialen Verhaltens auch ist. Das Besitzstreben des Menschen gehört aber zu seiner Natur. Es ist ein Teilbereich seines Selbsterhaltungstriebes. Ähnlich triebhaft wie bereits die Pflanze muß sich der Mensch den Lebensraum erkämpfen, der für sein Fortbestehen unumgänglich ist. Wir machen uns das Problem zu leicht, wenn wir meinen, weil in einer hochzivilisierten Gemeinschaftsform dieser Kampf unnötig sei, könne man den Besitztrieb einfach abschaffen. Das ist eine maßlose Überschätzung des Einflusses unserer Vernunft auf unsere Natur. Wir können auch nicht den Geschlechtstrieb abschaffen, nur weil wir meinen, daß er für uns überflüssig sei. (Aber auf diesem Sektor wird z. Z. ja auch eher das Gegenteil von uns erwartet). Natur, das wird uns heute in vielen Bereichen bewußt, läßt sich nicht einfach mit unserem kleinen menschlichen Verstand manipulieren. Wenn wir das versuchen, indem wir die Macht der Natur unterschätzen, gerät der Mensch in Teufels Küche.

Aber darüber hinaus erscheint es höchst fragwürdig, ob das Besitzstreben des Menschen allein negative Stellenwerte hat. Wie in allen anderen Bereichen, in denen er der Natur unterworfen ist, gibt es Veredelungsmöglichkeiten der rohen Natur, die ihm in einer besonderen Weise förderlich sein können. Kulturen haben in der Geschichte um so größere Hochleistungen hervorgebracht, je mehr in ihnen für einzelne die Möglichkeit zur Abgrenzung, zur Arbeit in der Stille vorhanden war. Oft ist die Möglichkeit dazu erst auf der Basis eines arbeitsamen Besitzstrebens geschaffen worden. Der Besitz, der Existenznot ausschloß, bildete häufig die Voraussetzung zu einer Freiheit, ohne die schöpferische Leistungen nicht gedeihen können. Aber auch der noch rohe, der primitive Besitztrieb des Menschen kann, wie das Blühen der Wirtschaft in den kapitalistischen Ländern gegenüber den kommunistischen beweist, ein Motor sein, um die Leistungskraft des Menschen zu steigern und damit den allgemeinen Wohlstand zu erhöhen.

Diese Hypothese vom natürlichen Besitzstreben des Menschen und seiner noch heute sinnvollen Funktion läßt sich beweisen. Denn im Bereich der praktischen Psychopathologie gibt es bestimmte Symptome, die sich zeigen, wenn das Besitzstreben des Menschen in seiner Entfaltung behindert wird. Sie sind in ihrer Struktur sehr ähnlich denjenigen Symptomen, die auftreten, wenn andere elementare Lebensbedürfnisse keine Befriedigung erfahren. Wie solche Antriebsstrukturen aussehen, ist z. B. am Essensdrang ablesbar. Kinder, die in ihrer frühen Kindheit lange Durststrecken erleiden müssen, neigen später oft lebenslänglich dazu, in einer übertriebenen Weise gierig-schlingend, ja gefräßig zu sein, da die Augen mehr wollen als der Magen. Der einstige Mangel erhöht ihre Antriebsspannung oft zu einer lebenslänglichen Charakterprägung. In bezug auf das Besitzstreben ist das nicht anders. Einige Beispiele sollen das verdeutlichen: Die Mutter eines Kindes, das an Asthma bronchiale erkrankt ist, klagt, daß es ihr große Mühe mache, sich ihrem Kind offenherzig zuzuwenden. Die psychologische Untersuchung ergibt, daß die Erkrankung des Kindes in der Tat etwas mit diesen ängstlichen Zurückhaltungstendenzen der Mutter zu tun hat. Denn nur in seinen Anfällen von Atemnot schafft sie es, dem Kind Wärme, Zärtlichkeit, leibliche Nähe zu geben. Aber nicht nur ihrem Kinde gegenüber ist diese Frau zurückhaltend – auch im Umgang mit Menschen und mit Sachbesitz kommt dieser Charakterzug zur Geltung. Frau Z. ist außerordentlich sparsam, ja geizig in bezug auf ihre Wirtschaftsführung, bemüht sich aber andererseits in einer übertriebenen Weise, schenkbereit zu sein. Diese merkwürdige Neigung, auch das Überflüssige, das Nutz- und Wertlose zu horten und aufzubewahren, die Schwierigkeit, etwas wegwerfen zu können, bei einer gleichzeitigen entgegengesetzten Neigung, nämlich sich zum Hergeben genötigt zu fühlen, bewirken täglich bei ihr Gefühlskonflikte, die oft unbewältigt bleiben.

Wenn man Menschen mit solchen Schwierigkeiten nach den Erlebnissen ihrer Kindheit fragt, so ergibt sich außerordentlich häufig etwas Gemeinsames in ihrer Vorgeschichte: Sie sind meist bei Eltern aufgewachsen, die, von einem überfordernd strengen Humanum getragen, den Kindern in frühestem Alter ein Übermaß an Verzichtleistungen in bezug auf Eigenbesitz abverlangten. Besonders häufig begegnet einem diese Form als sogenannte ekklesiogene Neurose bei Menschen, die aus orthodox pietistischen Pfarrhäusern hervorgegangen sind. So sagte eine junge Pfarrersfrau, selbst ein Pastorenkind: „Ich kann den am Altar abgelegten Klingelbeutel nicht sehen, ohne daß automatisch in mir die Wunschphantasie auftaucht, mich auf das Geld zu setzen und es nie wieder herzugeben." (Diese Bemerkung darf niemanden von uns zu pharisäerhafter Überheblichkeit verleiten. Impulse dieser Art gehören nun einmal zu uns, und sie können tragischerweise gerade durch eine den Menschen ethisch überfordernde Erziehung zu dranghafter Gier gesteigert werden.)

Ähnliche Probleme haben Menschen, die ihre Kleinkindzeit in solchen Heimen zubringen mußten, in denen kein Wert darauf gelegt wurde, den Kindern persönliches Eigentum zuzubilligen. Sie haben später Schwierigkeiten, die es ihnen oft unmöglich machen, gruppenfähig zu werden, und sie zu Einzelgängern stempeln: Sie werden von einer wilden Habgier getrieben, neigen dazu, den anderen ihre kleinen Besitztümer fortzureißen, bei Verteilungen von Geschenken rücksichtslos soviel wie möglich an sich zu raffen und nicht wieder hergeben zu wollen. Sie erregen den Ärger und die Ablehnung der Gruppe, indem sie egoistisch darauf bedacht sind, den meisten Besitz ergattern und festhalten zu wollen. Auch im Erwachsenenalter ist es nur sehr schwer möglich, solche Menschen zu einem echten Altruismus nachzuerziehen. Die Angst vor der Besitzlosigkeit und vor Besitzverlust übertönt alle sozialen Impulse und treibt sie in eine Einstellung, die Sachbesitz als Sicherung gegen ihre Ängste, nichts zu haben, überwertet. Wie sehr hier allgemeinmenschliche Entwicklungsgesetze sichtbar werden, zeigt sich interessanterweise auch in einem anderen modernen Erziehungsexperiment: in den Kibbuzim der Israelis. In diesen Betrieben werden die Kinder im ersten Lebensjahr von ihren Müttern gestillt und versorgt, im übrigen aber kollektiv beaufsichtigt und erzogen. Interessanterweise haben diese Kinder, wie der israelische Psychoanalytiker S. Nagler 1969 berichtet, vor allem eine besondere Auffälligkeit: Sie neigen zu Lernschwierigkeiten im Schulalter. Nagler schildert in diesem Zusammenhang den Fall eines Kindes mit großen Rechenschwierigkeiten bei einem hohen Intelligenzquotienten. Das nun ist eine Erscheinung, die sich mit bestimmten Erfahrungen in der Psychotherapie bei Kindern aus unserem Kulturkreis deckt: Die umgrenzte Schwierigkeit eines Grundschulkindes, das Rechnen zu erlernen, erweist sich nicht selten als eine unbewußte psychische Blockierung seines Besitzstrebens. Kinder, die durch strenge Tabuierungen, durch Diffamierungen immer wieder in ihrem Drang, etwas zu nehmen und behalten zu wollen, gehindert werden, können unter Angst eine Hemmung des gesamten Bereiches erleiden, bei dem es um Besitz geht. Da in den ersten Schuljahren heute das Rechnen mit Hilfe von Veranschaulichungen durch Vorgänge des Kaufens und Verkaufens nahegebracht wird, kann bei Kindern, die in dieser Weise gestört sind, gerade hier, in der partiellen Lernhemmung, die Blockierung des Wunsches nach Besitz sichtbar werden. Deshalb sind in der Kinderpsychotherapie Gehemmtheiten des Besitzstrebens erfahrungsgemäß mit Hilfe von belohnender Anerkennung solcher Strebungen, mit ihrer Entängstigung durch ihre positive Bewertung etwa beim Kaufmannspielen, beim deutschen Roulett, Monopoli und ähnlichen Einübungen zum unbefangenen Besitzverhalten auch wieder auflösbar.

Diese Beobachtungen bestätigen die Theorie der Antriebslehre des Psychoanalytikers H. Schultz-Hencke. Er postulierte einen sogenannten retentiven, d. h. zurückhaltenden, besitzstrebigen Antrieb im Menschen, der besonders im Kleinkindalter, wenn er im Begriff steht, sich zu entfalten, durch einen übertriebenen Altruismus, durch ein extremes Kommuneverhalten in seiner Umgebung angstvoll verdrängt werden kann. Die daraus resultierende Hemmung äußert sich in einer scheinbar altruistischen Abgabebereitschaft, die aber nicht durchgehalten wird, so daß der verdrängte Impuls zum Behalten unkontrolliert immer wieder durchbricht, sich als Geiz, als Sammelwut, als übertriebenes Interesse an Sachbesitz äußert und den Charakter prägt. Es ist sicher, daß ein Großteil der Erwachsenen heute in dieser Weise eine frühe Diffamierung ihres Besitzstrebens erleiden mußte, weil in der Kindheit asketische Tugenden von den Erziehern gefordert wurden. Nicht zuletzt bildete diese Erziehung einen wirksamen Motor zu einer *so* besitzstrebigen, kapitalistischen Welt. Aber wir dürfen aufgrund der Antriebslehre auch den Schluß ziehen, daß wir keinerlei Aussicht auf Veränderung haben, wenn wir den auf Verzichtbereitschaft dressierenden Einzelerzieher durch eine Kinderkommune ersetzen, in der der retentive Antrieb ebenso und noch schlimmer Not leiden muß. Denn wenn wir im Gegensatz zu den Kibbuzim die Kinder nicht nur kollektiv verwahren, sondern sie darüber hinaus bereits als Säuglinge von ihren Müttern entfernen und damit die Möglichkeit zu Bindungs- und Anpassungsfähigkeit im Ansatz drosseln, dann bekommt auch die Blockierung des Besitzstrebens einen viel gefährlicheren, drängenden Charakter, dann erziehen wir keine seelisch gesunden Menschen, sondern – wie wir aus der Heimerziehung wissen – ein Kollektiv von Kranken, habgierigen, neidischen Unglücklichen, deren Drang nach gewaltsamer Territoriumserweiterung gefährlich gesteigert ist. Wenn man diese Gegebenheiten bedenkt, wird deutlich, daß wir mit Hilfe von unrealistischen ideologischen Denkmodellen lediglich – und in gefährlicher Weise – das Kind mit dem Bade ausschütten.

In das entspannte Antriebsfeld echter, schenkfreudiger Gebebereitschaft, in die menschlich erstrebenswerte Haltung, daß Geben besser ist als Nehmen, in den freien Entschluß, sich selbst aus der Mitte zu stellen um der anderen willen – zur Verwirklichung solcher Ideale kann der Mensch nur kommen, wenn er seine Natur nicht zu unterdrücken sucht, sondern sie zu berücksichtigen lernt. Dazu gehört, daß im Kleinkindalter eine Phase durchlaufen wird, in der das Besitzstreben des Kindes gepflegt und abgesättigt wird, indem man es dem Kind zubilligt, sich seinen Eigenbereich abzugrenzen: das eigene Bett, der eigene Schrank, die eigene Spielzeugkiste, der ganz alleine dem einen Kind zugehörige Besitz, den ihm *keiner,* auch die Erwachsenen nicht, streitig machen sollten. Denn das Besitzstreben des Kindes gehört in sein Trachten nach Selbständigkeit hinein, bildet eine Grundlage seines Selbsterhaltungstriebes und ist, wie das Territoriumsverhalten vieler Tiere andeutet, biologisch verankert. Das Bedürfnis, sich abzugrenzen, sich einen Eigenraum zu schaffen, bildet darüber hinaus für den Menschen die Voraussetzung zu individueller Entfaltung und zu schöpferischer Gestaltungsfreiheit. Das wissen wir daher, daß mit einer Hemmung des Besitzstrebens im Kleinkindalter immer auch eine Einschränkung des Einfallsreichtums und der lebendigen Gestaltungskraft einhergeht. Mit der Drosselung des Besitzstrebens werden also Voraussetzungen zur Entfaltung der Individualität und damit entscheidende kulturfördernde Faktoren gehemmt. Totale Verdrängungen in diesem Bereich aber können generell die Aktivität einschränken und damit das Leistungspotential allgemein senken, wenn der Erziehungsstil eines Kollektivs das Besitzstreben des Menschen abwertet.

Natur läßt sich nicht ungestraft unterdrücken; die Naturwissenschaftler und die Tiefenpsychologen können heute bereits registerlange Klagelieder singen, die beweisen, was geschieht, wenn der Mensch das versucht. Nur werden solche Fehler (die sogenannten schädigenden Nebeneffekte unserer Manipulationen) leider meist erst nach Jahrzehnten erkennbar!

Dem Ideal des freien, brüderlichen, verantwortungsbewußten Erwachsenen können wir uns nur annähern, wenn wir die natürlichen Antriebe des Menschen pfleglich bändigen. Nur wenn wir das Besitzstreben des Menschen als uns zugehörig erkennen und ihm einen gewissen Raum zubilligen, anstatt es zu einem bissigen Untier zu machen, indem wir es an die Kette legen, haben wir Aussicht, daß der Mensch über seine Verhaftung an triebhafte Dränge hinauswächst – und die Hände frei bekommt zu echtem sozialen Verhalten.

Kindergarten –
Patentlösung der Zukunft?

Eine neue Erkenntnis ist im letzten Jahr in der Öffentlichkeit der Bundesrepublik laut geworden: die Einsicht in die Bedeutsamkeit der Vorschulerziehung. Das ist ein wesentliches, wenn auch reichlich spätes Ernstnehmen von Forschungsergebnissen, die seit langem Erfahrungsgut der Kinderpsychologie sind. Allzulange noch haftete in den Hirnen der Erzieher unzulässigerweise die unkritische Vorstellung, daß Intelligenz eine statische Größe sei, daß Dummheit oder Klugheit den Menschen in die Wiege gelegt wird und daß man – ähnlich wie bei Pflanzen und Früchten – nur zu warten brauche, bis sie reif würden. Gefährlich wenig wurde über Jahrzehnte die tiefenpsychologische Erfahrung zur Kenntnis genommen, daß diese „Reife" beim Menschen lebenslänglich ausbleiben kann, wenn in seiner frühen Kindheit bestimmte Voraussetzungen, bestimmte Umweltbedingungen nicht erfüllt werden, die sie erst zur Entfaltung bringen. Was sind das für Bedingungen? Im weitesten Sinne: Anreiz, Anstoß, „Aufforderung zur Welt hin", wie es die Psychoanalytikerin Annemarie Dührssen einmal genannt hat.

Wir sind nun freilich erst auf halbem Wege, wenn wir meinen, dieses Problem wäre allein durch wohlausgebildete Kindergärtnerinnen zu bewältigen. Die Tiefenpsychologie kann mit Hilfe ihrer Kasuistik nachweisen, daß die wesentlichen Lernhilfen schon in einem Alter gegeben werden müssen, in dem Kindergartenerziehung noch gar nicht möglich ist, nämlich in den ersten zwei Lebensjahren. Wir wissen heute: Schickt man Kinder, die als Säuglinge in Heimen waren, später in einen guten Kindergarten, so verringert man dadurch ihre große Schwierigkeit nicht, in der Schule konzentrationsfähig, ausdauernd und interessiert zu sein. Wirkungsvolle Zusatzhilfe kann der Kindergarten nur für die Kinder werden, die als Säuglinge eine gesunde Mutterbeziehung durch die liebevolle Zuwendung ihrer Bezugsperson haben erfahren dürfen. Eine der ersten und wesentlichen Voraussetzungen zur Entfaltung der Intelligenz ist nämlich das fundamentale frühkindliche Erlebnis der Geborgenheit, der angstlosen, weil beschützten Hinwendung zur Außenwelt unter der Obhut *einer* Person, die immer bei dem Kind ist. Vorausschickend soll also gesagt werden: Wenn wir meinen, man könnte opferbereite Mutterschaft dadurch ersetzen, daß wir hierzulande eine riesige Kindergartenkampagne starten, sind wir immer noch in einer gefährlichen Weise auf dem Holzwege.

Nun sind wir heute nicht nur dabei, mehr Kindergärten zu schaffen, sondern auch den Geist dieser Institutionen zu verändern. Das ist sicher begrüßenswert, denn allzuoft mußten Kindergärtnerinnen in vergangenen Zeiten notgedrungen lediglich Kinderbewahrerinnen sein. Oft war und ist die Zahl der Kinder viel zu groß, die der Betreuer viel zu klein, so daß die Praxis eher einem Schafehüten glich, als daß sie Anregung und individuelle Förderung gesunder Kleinkinder war. Oft wurde unter dieser Not der Ton der Kindergärtnerinnen allzu autoritär, allzu kommandohaft, so daß eher fragwürdige Zirkusdressur dabei herauskam als sinnvolle Entfaltung altersentsprechender Fähigkeiten. Wir wissen heute, wie gefährlich eine Erziehung ist, die Gehorsam mit Hilfe von Ängstigung erzwingt, weil sie sowohl kritikloses Duckmäusertum wie auch sich unterschwellig stauende Aggressivität begünstigt. Es ist dringlich, Fehler dieser Art zu vermeiden – auch dies ist allmählich ins öffentliche Bewußtsein getreten. Aber in dieser Hinsicht geht es uns nun so, wie es oft geschieht, wenn neue Erkenntnisse in die Praxis umgesetzt werden sollen: sie stehen, wenn sie endlich ans Tageslicht treten, unter einem starken Druck wie ein vulkanischer Geysir: sie schießen hervor – und damit zunächst häufig über das Ziel hinaus.

Mit der Kindergartenerziehung geht es nicht anders: wenn es „autoritär" nicht richtig ist, dann muß es „antiautoritär" werden in den Kindergärten! Was aber ist das „antiautoritär"? Nun, so meinen die begeisterten Übertreiber, auf jeden Fall erst einmal das Gegenteil: Freiheit statt Unterdrückung, Laufenlassen statt Gängeln, unbekümmertes Wachsenlassen statt einengender Dressur. Das ist gewiß eine pädagogisch ernstzunehmende Forderung, die viel Segen bringen kann. Sie zeitigt gute Früchte, wie ich als Kinderpsychotherapeutin in der Praxis erfahren habe, wenn sie maßvoll angewandt wird, d. h., wenn innerhalb eines Kindergartentages mehrere Stunden der freien Spielwahl gewidmet sind. Die Voraussetzung zur Durchführung dieses Konzepts ist freilich, daß die Gruppe, die sich in einem Raum aufhält, sehr klein ist, nicht mehr als acht Kinder enthält, daß also bei einem größeren Kindergarten eine genügend große Zahl von Räumen und von Betreuern vorhanden ist. Mehr Kinder in einem abgeschlossenen Gelände oder Raum unentwegt sich selbst zu überlassen, während ein oder zwei Betreuer passiv in der Ecke lehnen, hat hingegen nichts mit echter antiautoritärer Erziehung zu tun, sondern ist nichts anderes als das alte „Bewahren" mit einer verabsolutierten Toleranz. Wer antiautoritäre Erziehung in dieser Weise mißversteht, beweist zumindest, daß er bar ist jeder Kenntnis über die innerseelischen, lebensnotwendigen Bedürfnisse von Kleinkindern. Sie wollen nämlich keineswegs unausgesetzt sich selbst überlassen sein. Verhält sich ein Erzieher ihnen gegenüber für Wochen absolut passiv, so empfinden sie sich keineswegs von Unterdrückung befreit, sondern als vernachlässigt. Dieses Gefühl aber löst dumpfes, im Grunde angstgetöntes Unbehagen aus, das sie mißgestimmt, übellaunig, nörgelig und schließlich aggressiv macht.

Es ist Theorie, zu meinen, die Zurückhaltung der Erwachsenen lasse sich durch den Umgang mit den kleinen Kameraden kompensieren. Das ist zwar für ältere Kinder ein erstrebenswertes Erziehungsmodell, aber bei Kindergartenkindern ist es entschieden verfrüht. Drei- bis sechsjährige Kinder sind noch keine sicher sozialisierten Wesen. Ihrer Entwicklungsstufe gemäß steht das egoistische Wünschen, das Haben-Wollen, das Allein-Wollen, das Sich-Bemächtigen noch ganz im Mittelpunkt. Wird das Kind dem Druck einer großen Zahl von Gleichaltrigen mit ähnlichen Bemächtigungsimpulsen ausgesetzt, so ist die Wirkung oft nicht anders als in einer starr autoritären Erziehungsform: das Kind neigt dann dazu, mit verdoppelter Aggressivität auf die Einschränkung seines Lebensraumes zu antworten.

Antiautoritäre Erziehung, die sich mißversteht als ein schrankenloses Alles-Erlauben, schadet den Kindern daher ebenso tiefgreifend wie die gewaltsame Dressur. Zwar werden die Kinder in dieser Atmosphäre selten übergefügig und still, ihre Not tritt viel offener und viel früher zutage; denn ihre Aggressionen stoßen ja in Watte und verstärken sich mehr und mehr, ihre Stimmung ist unlustig, die Richtungslosigkeit wird zur Orientierungslosigkeit und damit zu einem chaotischen Empfinden und Denken. Das liegt daran, daß die seelische Entfaltung des Menschen sich nach bestimmten Gesetzen vollzieht, die nicht ungestraft vernachlässigt werden dürfen. Zu diesen Gesetzen gehört es, daß Kinder der Anregung, des Vorbildes von Erwachsenen bedürfen, damit im Rahmen einer Ordnung Verwirklichung dessen möglich ist, was in ihnen angelegt ist. Kinder sind in vieler Hinsicht noch kleine Wilde. Sie haben einen ausgeprägten, gesunden Egoismus, sie müssen ihren Bewegungsapparat durch Üben beherrschen lernen, sie müssen nein sagen, trotzen, sich verteidigen können. Aber es gibt nicht den absoluten Zustand „Kind", ein Kind will nicht nur sein, es will auch werden. Dazu braucht es Erwachsene, braucht Leitbilder, braucht Forderung und Anforderung, braucht das Erleben von Maß und Grenze in einer geordneten, es beschützenden Erwachsenenwelt.

Kinderläden, in denen das unterste zuoberst gekehrt wird, in denen es keine feststehenden Ordnungen, wie z. B. die Mahlzeiten zu immer gleichen Tageszeiten, gibt, in denen alle sozialen Spielregeln aufgelöst sind, verstören die Kinder in einer fundamentalen Weise und machen sie seelisch krank. Denn nicht Chaos und Unordnung, sondern Ordnung ist das dem

Menschen eingeborene Lebensprinzip. Solche Kinder leben nicht natürlich, sondern in einer extremen Weise unnatürlich. Es ist ein unrealistisches Denkmodell, das jeder wissenschaftlichen kinderpsychologischen Grundlage entbehrt, zu meinen, der Mensch sei von Natur vollkommen, so daß man ihn nur unbeeinflußt wachsen lassen müsse, um diese Vollkommenheit erhalten und verwirklichen zu können. Es ist unrealistische, aggressiv-ideologische Gesellschaftskritik, wenn man behauptet: Allein die Erzieher machten den Menschen durch ihre Unterdrückung aggressiv. Gewiß läßt sich vieles in kleinen Kindern verbiegen, stauen, übersteigern, wenn man sie zu Drahtpuppen eines starren Erziehungsprinzips macht. Aber man macht sich das Aufziehen von Kindern in einer gefährlichen Weise zu leicht, wenn man annimmt, sie gleiche der Beförderung eines Postpaketes, dessen unversehrten Inhalt man am Bestimmungsort – sprich im Erwachsenenalter – freudig in Empfang nehmen könne, wenn die Post es nur pflichtgemäß unangetastet gelassen habe.

Kindererziehung ist in Wirklichkeit zunächst eine Angelegenheit sehr subtiler Beobachtung, um zur rechten Zeit und im rechten Maß die Anregung und Ermunterung zu geben, die es dem Kind möglich macht, den nächsten, fällig gewordenen Entwicklungsschritt zu vollziehen. Gute Kindererziehung ist „phasenspezifisch", d. h., sie paßt sich an das an, was zur Verwirklichung einer altersentsprechenden Entwicklungsaufgabe gerade notwendig ist. Im Kindergartenalter gehört zu dieser Aufgabe: die Entfaltung der Motorik, der Handgeschicklichkeit, der Verwirklichung konstruktiver Ordnung und anderes mehr. Das läßt sich in vielerlei Spielen und Gerätschaften anregen und unterstützen und wird von den Kindern in endlosen Wiederholungen mit großer Lust so lange vollzogen, bis die Bewältigung gelungen ist. Hingegen bedeutet es bei 3- bis 5jährigen Kindern eine künstliche Entwicklungsverzögerung, wenn die destruktiven Impulse zum Zerreißen, Zerteilen, Zerschmettern und Kaputtmachen, die der 1- bis 2Jährigkeit zuzuordnen sind, weiterhin in den Mittelpunkt des Kindergartenlebens gestellt werden. Ebenso unsinnig, weil verfrüht, ist es,

3- bis 5jährige das Lesen lehren zu wollen. Solche künstliche „Menschenmacherei" rächt sich durch die Entstehung von Disharmonien im Seelenhaushalt der Kinder, so daß es zu Fehlverhaltensweisen, Unausgeglichenheiten und seelischen Erkrankungen kommt.

Wie durchgängig diese entwicklungspsychologische Gesetzlichkeit ist, läßt sich besonders eindrucksvoll an der geschlechtlichen Erziehung nachweisen. Die Übertreiber des antiautoritären Erziehungsstils hegen ja die befremdlich klingende Vorstellung, daß in einem Kindergarten die Kleinen zu einem „freien Ausleben ihres Geschlechtstriebes" kommen müßten. In einem laienhaften Mißverstehen der Lehren Freuds meinen sie, Kinder hätten spontan ein starkes Bedürfnis, mit ihren Genitalien zu spielen und miteinander Kopulationsversuche zu machen. Wenn Kinder in „antiautoritären" Kindergärten nicht auf die Idee kommen, sich in dieser Weise zu beschäftigen, so nimmt man an, daß das an der durch die Eltern vollzogenen Unterdrückung des Geschlechtstriebs läge. In einigen „antiautoritären" Kindergärten sind daher in den letzten beiden Jahren die Kinder von ihren Betreuern zu sexuellen Spielereien angeregt worden, um die vermeintliche Fehlerziehung aufzulösen in der irrigen Vorstellung, Kinder damit auf ein unverklemmtes Geschlechtsleben im Erwachsenenalter vorbereiten zu wollen. Dazu muß korrigierend gesagt werden: Zwar gibt es so etwas wie eine frühkindliche Sexualität, sie hat aber mit der eines geschlechtsreifen Erwachsenen wenig gemein. Sie ist unbewußt, steht im Schatten anderer Entwicklungsimpulse, ist an verschiedene, nicht genitale Körperzonen gebunden und reift unbewußt, gewissermaßen im Dunkeln. An vielen Praxisfällen können wir nachweisen, daß es falsch, ja böse ist, diesen unbewußten Reifungsprozeß durch verfrühtes Hervorzerren ans Tageslicht zu stören. Sexuelle „Vorübungen" wirken wie Verletzungen, die keineswegs die Ausreifung fördern, sondern sie geradezu blockieren können.

Menschen, die im Kindergartenalter zu sexuellen Spielereien gebracht werden, können auf dieser Stufe fixiert bleiben und solche unreifen Formen genitaler Betätigungen auch im Erwachsenenalter geradezu suchtartig beibehalten, so daß es zu sogenannten Perversionen kommt. In den Psychoanalysen Erwachsener ist immer wieder nachgewiesen worden, daß Exhibitionisten, Voyeure, Homosexuelle, Sadisten und Masochisten diese fundamentale Störung ihres Geschlechtslebens tragischerweise durch seelische Verletzungen in der Kindheit erworben haben! Jeder „antiautoritäre" Kindergarten, der solche Fehlentwicklungen planmäßig fördert, müßte also nicht nur geschlossen werden, seine Erzieher müßten – wie es in richtigem Empfinden auch bisher üblich war – vom Gesetzgeber bestraft werden; denn Kinder sollten auch heute noch das Recht haben, den Schutz des Staates zu genießen, in dem sie leben.

Andererseits wäre es zu begrüßen, wenn der richtig verstandene antiautoritäre Erziehungsstil in unseren Kindergärten mehr verwirklicht werden könnte, ein Stil, der es den Kindern möglich macht, sich in ungegängelter Freiheit und unter unmerklicher, aber gezielter und bewußter Anregung seelisch gesund zu entfalten.

Verunsicherte Weiblichkeit

Kann es irgendwie sinnvoll sein, über die Rolle der Frau im technischen Zeitalter nachzudenken? Ist das überhaupt ein Problem? Werden die Frauen sich nicht, wie zu allen Zeiten, immer „nach der Decke strecken", sich also anpassen an das, was man ihnen vorschreibt, und geduldig das auf sich nehmen, was man von ihnen erwartet? Und ist damit dann nicht alles in Ordnung?

Daß es das nicht ist, ja daß wir Frauen heute dringend einer bewußtmachenden Selbstbesinnung bedürfen, wird immer wieder in Diskussionen über dieses Thema sichtbar. Gerade bei Gesprächen mit jungen Menschen läßt sich konstatieren, daß besonders die Wortführer beiderlei Geschlechts die Ansicht vertreten, daß die emanzipierte, moderne Frau das Ziel habe oder haben sollte, wie der Mann ihrem Beruf nachzugehen, sich dort zu voller Freiheit zu entfalten und am technischen Fortschritt mitzuwirken, daß man sie von dem repressiven Zwang, Heimchen am Herd zu spielen, befreien müsse, vor allem, indem man die Sorge für die Kinder staatlichen Institutionen überlasse. Dieser heute sehr verbreiteten Meinung liegt die Vorstellung zugrunde, daß der Mensch bei seiner Geburt eine Art Tabula rasa sei, eine leere Tafel, in die allein seine Erzieher die formenden Züge einkratzen – daß Menschen manipulierbar wären, wohin die gerade geltenden gesellschaftlichen Normen sie nun einmal zwingen wollten. Da der Mensch gänzlich machbar sei, sagte der Psychologe Kentler auf einer Tagung, werde man dereinst auch die Frau in einer Weise erziehen können, daß das, was man heute als typisch weiblich ansähe, überhaupt nicht mehr in Erscheinung träte.

Und der Gang der Ereignisse scheint ihm recht zu geben. Selbst in der Mode ist eine derartige Angleichung der Geschlechter aneinander sichtbar, daß man bei manchen langmähnigen, nietenbehosten jugendlichen Pärchen rätseln muß, welches der Junge, welches das Mädchen ist, zumal diese Mode den Mädchen eine schmalbrüstige Dürre vorschreibt, die die geschlechtsspezifischen Rundungen unter dem Hungerzwang der Mode verschwinden läßt. Und das ist gewiß kein Zufall. Denn in der behosten, eckigen Sprödigkeit kommt ein Trend zur Vermännlichung zum Ausdruck.

Ja, und warum denn auch nicht? Wenn unsere Lebensform im technischen Zeitalter nüchtern-sachliche, zupackend realitätsgerechte Wesensart erfordert – warum sollte es dann nicht wichtig und richtig sein, daß sich die *so* anpassungsfähige Frau auch hierzu dressieren und manipulieren ließe?

Von der Tiefenpsychologie und der Psychopathologie her sind schwerwiegende, ja lebensentscheidende Gegenargumente aufzeigbar, die im Grunde direkt auf das verweisen, was unser Thema betrifft, nämlich die besondere, außerordentlich notwendige Bedeutung der Frau in unserer Welt der Technik.

Wenn man – wie ich – im Alltag mit seelisch gestörten Menschen umgeht, so läßt sich am Einzelfall immer wieder in aller Deutlichkeit nachweisen, daß der Manipulierbarkeit des Menschen absolut Grenzen gesetzt sind. Sie werden jederzeit dort sichtbar, wo die Beeinflussung ursprünglicher Gegebenheiten in einem Unmaß vorliegt. Geschieht das, so wird der Mensch früher oder später seelisch krank.

Ein Beispiel: Ein neunjähriges Mädchen wird von den Ärzten des Krankenhauses zur psychologischen Untersuchung geschickt. Es hat mit Schlaftabletten einen Selbstmordversuch gemacht, obgleich seine äußere Umgebung störungsfrei zu sein scheint und das Kind selbst nicht sagen kann, was für ein Motiv es in eine solche Stimmung der Verzweiflung gebracht haben könnte, daß es – was in diesem Alter selten ist – keinen anderen Ausweg sah, als seinem Leben ein Ende zu setzen. Der Anblick des Mädchens war derart verblüffend, daß man zunächst an einen Irrtum in der Anmeldung glauben mußte. Denn sein äußeres Erscheinungsbild: Lederhosen, Stiefel, kurzgeschnittener Pagenkopf – war so, daß man meinte, einen Junge vor sich zu haben. Ein Junge zu sein oder wenigstens dafür zu gelten, gehörte denn auch zu den höchsten Wünschen dieses Mädchens. Ja, es erzählte stolz, daß es in einem Fußballverein sei, ohne daß bisher einer seiner Kameraden ahne, daß es ein Mädchen sei.

Wie hatte es zu einer solchen sogenannten Fehlidentifikation kommen können? Darüber gaben die Eltern ebenso stolz wie unbefangen Auskunft. Sie hatten noch einen älteren Sohn gehabt, der im Alter von fünf Jahren an den Folgen eines Verkehrsunfalles gestorben war. Sie hatten sich abermals einen Jungen gewünscht und waren nach der Geburt der Tochter über das Geschlecht des Kindes sehr enttäuscht gewesen. Aber dann hatte man das Mädchen in die Kleider des Jungen gesteckt und voller Freude konstatiert und unterstützt, daß ihr Mädchen „wild wie ein Junge war". Dieses Mädchen hatte in der Tat in einem extrem starken Maße den Wünschen seiner Eltern entsprochen, war in die von ihnen erwartete Rolle geschlüpft – aber mit dem außerordentlich bedenklichen Resultat, daß eine unbekannte dunkle Verzweiflung von ihm Besitz ergriff, die – wie sich mit Hilfe von Tests nachweisen ließ – eindeutig daher rührte, daß eine ursprüngliche Gegebenheit, nämlich die Weiblichkeit des Kindes, mißachtet und unterdrückt worden war.

In einer extremen Weise wird an diesem Fall ein Gesetz deutlich, dem man in der Psychopathologie allenthalben begegnet. Der Mensch kann mit dem Menschen viel „machen", um so mehr, je früher die Beeinflussung einsetzt – aber überschreitet er dabei die ihm gesetzten Grenzen, d. h., verletzt er Lebensbedingungen oder Entfaltungsnotwendigkeiten, die im Menschen festgelegt waren, so führt das in die Katastrophe, in Kollektiven zu Revolutionen, Kriegen oder anderen Formen von Massenselbstmord, im individuellen Bereich zu seelischen oder körperlichen Erkrankungen, die so lange chronisch bleiben müssen, bis die Ursachen der Verbiegung aufgedeckt und revidiert worden sind. Speziell für unser Thema heißt das: Man kann aus Mädchen keine Jungen machen, aus Frauen keine

Mannweiber, ohne daß das zu bedenklichen Krankheitserscheinungen und damit durch die Generationen hindurch zu einer Einbuße an Kraft und Überlebenschancen eines Kollektivs führt. Denn es gibt eine geschlechtsspezifische Eigenart der Frau, die die Ergänzung bildet zu geschlechtsspezifischer männlicher Wesenheit. *Beide* sind nötig für den Fortbestand der Menschheit. Es gehört zum Wesen des Weiblichen, personbezogen zu sein, während der Mann mehr sachbezogen ist; erobern, entdecken, erforschen, expansiv sein, schöpferisch gestalten ist seine Domäne. Zum Wesen der Frau gehört mehr die Welt des Gefühls, der Innerlichkeit, der Schönheit, des Sorgens, des Hegens, Pflegens und Bergens. Das kann sie besser als er, das sollte sie auch heute noch können – denn bergende Heimat bei ihren Frauen zu finden, haben unsere Weltumsegler und Mondfahrer im technischen Zeitalter nötiger denn je. Haben die Frauen die Notwendigkeit, solche Aufgaben zu erfüllen, nicht mehr in ihrem Bewußtsein, streben sie nur selbstbezogene, neutrale Gleichheit mit dem Mann an, so entstehen Gefahren, die heute bereits an sehr deutlichen Krankheitszeichen sichtbar werden.

Viele junge Frauen trifft der Schlachtruf zur Befreiung aus dem Joch von Familie und Ehemann, ohne daß sie überhaupt schon Gelegenheit gehabt hätten, in eigener Erfahrung ihre Möglichkeiten zu erkennen und abzugrenzen. Beladen mit einer durch die verlängerten Ausbildungszeiten bedingten Abhängigkeit und befangen im entwicklungspsychologisch notwendigen Protest gegen eine Familie, in der sie noch verharren müssen und die sie daher als lästige Fessel erleben, sind sie bereit, in heftig entflammter aggressiver Begeisterung auf die neue Fahne zu schwören. Ihnen wird der Muff des Nestes, auf dessen Rand sie hocken, durch ideologische Belehrung zum unerträglichen Gestank, und sie sind nur allzu bereit, den „Unfug" des Nestbauens in Zukunft zu lassen. Eine solche Situation kann klare Konsequenzen haben: Man bleibt kinderlos und unverheiratet und engagiert sich in Beruf und Verbänden für die überpersönlichen Aufgaben. Das aber hielten die meisten dieser jungen Frauen in den letzten Jahren nicht durch. Unmerklich, aber drängend setzte sich gegen das neue Ideal der alte Wunsch nach dem *einen* Mann, nach dem *schönen* Besitz, und der Trieb, Kinder haben zu wollen, durch. Es kam und kommt seltener auch noch im Jahr 1976 zu Kompromissen: zur frühen Eheschließung noch während der Ausbildung, zu Geburten von Kindern, die aber dann doch fortgegeben werden müssen – an Großeltern, an Heime, an Tageskrippen –, eben weil das Nest fehlt und neuerdings in extremen Fällen gar nicht erstrebt wird. Nach meiner Erfahrung sind solche jungen Frauen schon nach wenigen Jahren dieser Lebensführung seelische Wracks.

So emanzipiert, so progressiv sich diese jungen Frauen gebärden, in vielen Fällen gründet ihre Lautstärke allein auf der Anpassungsbereitschaft der weiblichen Psyche, die so weit geht, daß notwendige Entwicklungsstadien des frühen Erwachsenenalters vernachlässigt und unzulässigerweise übersprungen werden. Aber selbst „moderne" Frauen sind ihrer eigenen Natur nicht so sehr entfremdet, daß sie verabsolutierte Vermännlichung unbeschadet vollziehen könnten. Die Folgen zeigen sich in Unzufriedenheit, depressiver Gleichgültigkeit, in der Anfälligkeit für Ersatzbefriedigung und Betäubungsmittel. Viele dieser Frauen müssen ihre Gespanntheit und diffuse Traurigkeit durch einen überstarken Verbrauch von Zigaretten und Alkohol übertönen. Damit aber mindert sich ihre Durchhaltefähigkeit und ihre Leistungskraft, so daß ihre Wirkmöglichkeit oft unter den Nullpunkt absinkt.

Ebenso verhängnisvoll kann sich der von „Repression" befreite Lebensstil auswirken, wenn das Ideal, die Welt durch Veränderung der Lebensformen zu verbessern, nur ein Scheinmotiv darstellt, während unbewußt doch das Bedürfnis nach mehr Bequemlichkeit, Bereicherung, Lust und Macht die eigentliche Triebkraft des Handelns ist. Frauen, die sich psychisch auf diesem Status befinden, liegt vor allem daran, im persönlichen Bereich alles das zu vermeiden, was *opfervolle* Verantwortung bedeutet: die Bereitschaft, bei ihren kleinen Kindern zu bleiben, die *lebens*längliche Bindung an einen Mann, die Konzessionen an seine Schwächen und seine Unverträglichkeiten, die Mühsal einer sozialen Aufgabe, wie sie das Leben einer Hausfrau nun einmal bedeutet. An die Stelle dieser Bindungen tritt bei ihnen das Machtstreben mittels der Steigerung ihres sexuellen Marktwertes. Frauen dieser Art sind meist extrem modebewußt, sie verstehen zu genießen, sind immer up to date in ihren Meinungen, genießen viel Anerkennung, oft auch im Beruf, und verstehen es, sowohl öffentliche Gelder wie einflußreiche Männer unter dem Mantel der Gemeinnützigkeit für egozentrische Ziele zu nutzen. Diese Frauen sind keine Mitläufer, sondern Nutznießer – sie sind die Mätressen des Königs „kapitalistische Demokratie". Sie beenden ihre Karrieren oft in klimakterischen Krisen: ihr Gefühl von Leere und Überdruß nimmt mit dem Alter oft in einem unerträglichen Maße zu und beschwört seelische Erkrankung herauf. Trotz eines äußerlich erfüllten Daseins haben Frauen, die ihre Freiheit nicht nutzten, um zu seelischer Entfaltung zu gelangen, sondern sie zu Bemächtigungszwecken mißbrauchten, später häufig das Gefühl, am Leben vorbeigelebt zu haben.

Während die beiden eben genannten Typen, wenn auch unentwickelt, doch immerhin noch im Bereich des Weiblichen liegen, so besteht für Frauen heute darüber hinaus aber noch eine andere Möglichkeit: Sie können – unter dem Einfluß einer langen, einseitig intellektuellen Ausbildung, wie unser Bildungssystem auf Oberschulen und Universitäten sie leider praktiziert – zu einer weitgehenden *Verdrängung* von Gefühlsbereichen kommen. Der Verstand, das rational-logische Denken, scheint ihnen der höchste Wert zu sein. Solche Frauen sind empört über jede Akzentuierung des Weiblichen. Sie wähnen, daß allein gesellschaftliche Repression sie in eine „dienende" Haltung gedrückt habe, sie behaupten, allein durch die gesellschaftliche Rollenerwartung weiblich geprägt worden zu sein, und sind in fanatischem Eifer – sie meinen aber „sachlich" – bemüht, zu beweisen, daß sie genauso wie Männer sind. Nun, eine solche einseitige „Verkopfung" kann bereits für einen Mann gefährlich sein – für Frauen birgt die Entwertung des Gefühls eine geradezu existentielle Gefahr: Sie entwerten sich selbst, denn Tragfähigkeit, Sinnfindung und Verinnerlichung sind Werte, die sich mit Hilfe rational-logischer Weltbewältigungsweisen allein nicht entwickeln lassen. Der Verstand des Menschen – große Naturwissenschaftler sagen uns das gerade heute immer wieder – stößt an Grenzen, an denen er fragend, hilfsbedürftig, allein und mit schwerer Verantwortung beladen, steht. In solchen Situationen kann die „verkopfte" Gefährtin keine neuen Kräfte schenken, keine Wege zur Bewältigung und zu Vertiefung erspüren. Frauen ohne „Gespür" für den psychischen Bezirk des Menschseins aber sind für Männer, die sich auf den Weg gemacht haben zu sich selbst und über sich hinaus, ohne Anziehungskraft. Sie bieten ihnen keine Ergänzung und sich selbst keine Entfaltungsmöglichkeiten. Frauen, die sich auf einen solchen Weg extremer Vermännlichung begeben, erleiden häufig schwere Regressionen, in denen das Verdrängte durchbricht und sich als zügellose Affektüberschwemmung Gehör verschafft. Fast die Hälfte der Baader-Meinhof-Bande besteht aus Frauen! Und diese sind fast alle Akademikerinnen!

Während die Mitläuferin durch ihr „Leben in Freiheit" verkommt, die Nutznießerin unter ihrer Maske erstarrt, wobei beide ihre Identität einbüßen, ist die „verkopfte" Frau in der Gefahr, im Zuge des Fortschritts, im Grunde aber unter dem Druck ihres unbewußten Unglücks, gewalttätig zu werden.

Sich Gegebenheiten dieser Art bewußt zu machen gehört zu den wesentlichen und dringlichen Aufgaben der Frauen im technischen Zeitalter. Denn diese Zeit verfügt ja – eben durch die Technik – über nie dagewesene Möglichkeiten der Machbarkeit, nicht nur der Veränderung natürlicher Gegebenheiten mit Hilfe der Wissenschaft, sondern auch der schleichenden Beeinflussung mit Hilfe der Kommunikationsmittel.

Und gegen sie müssen wir uns mit kritischer Entschiedenheit überall dort wehren, wo wir spüren, daß der Mensch seine Grenzen überschreitet. Die Aufgaben der Frauen in diesem Bereich sind groß und verantwortungsschwer; denn sie haben mehr Gespür für solche Grenzen, weil sie der Natur angeborenerweise näher sind und ihr Gefühl daher meistens als der bessere Seismograph wirken könnte – ich sage *könnte,* weil gegen die Verwirklichung dieses Naturtalents der Frau zwei Hemmnisse vorhanden sind: Das eine Hemmnis liegt ebenfalls in einer vorgegebenen, geschlechtsspezifischen Eigenart, nämlich in der größeren Anpassungsbereitschaft, in ihrer größeren Anfälligkeit für Wissenschaftsgläubigkeit, weil der Logos, das Denken, nun eben *nicht* die Hauptfunktion ihres Wesens ist und sie ihm desto leichter anbetend und kritiklos verfällt. Wenn die Wissenschaft der Frau sagt, sie solle ihr Kind schreien lassen, weil es dadurch eine gesunde Lunge bekäme, so tut sie das, obgleich ihr Herz weint, obgleich ihr Impuls, das Kind aufzunehmen und zu trösten, nur durch ihre Opferbereitschaft für seine Gesundheit und durch die strenge Konsequenz des Ehemannes in Schach gehalten wird. Der Verstand hat in solchem Fall den Sieg davongetragen gegen das Gefühl – und meist, wie wir heute schon genauer wissen, zum Nachteil des Kindes, der zu einer später kaum revidierbaren Beeinträchtigung werden kann, nämlich zu einer die seelische Stabilität herabsetzenden Neigung zu Resignation, Verzagtheit und Depression.

Beeinflußbarkeit durch Wissenschaftsgläubigkeit also ist der eine Hemmschuh, dem besonders Frauen ausgesetzt sind – der andere liegt in dem fatalen Teufelskreis begründet, daß die Betriebsamkeit unserer Zeit, einschließlich der Denaturierung aller Lebensbereiche, den Frauen die Möglichkeit nimmt, Muße zu finden, ihr Gefühl zum Sprechen zu bringen. Eine „richtige" Entscheidung läßt sich logisch oft gar nicht treffen; es gibt – und das ist eben die Domäne der Frau – auch eine erahnte, eine spontan als richtig erkannte Zielvorstellung; es gibt – das hat unsere Zeit weitgehend vergessen – eine Weisheit, die in der Stille, im Horchen auf den Sinn und auf ein ursprünglich Sein-sollendes wächst und in ihr gründet.

Auf eine solche gefühlsmäßige Weisheit, auf eine instinktiv richtige Handlungsmöglichkeit kann die Welt der Zukunft nicht verzichten, will sie nicht in eine gefährliche intellektualisierende Einseitigkeit fallen und damit einen Seelenverlust unermeßlichen Ausmaßes erleiden. Die von einem kurzsichtigen Intellekt ausgebrütete Vorstellung, daß der Mensch mit Hilfe seines Verstandes alles machen könne, bedarf der Warnung, des Zurufes zur Demut, des Widerstandes des *weiblichen* Fühlens.

Gemacht worden ist im letzten Jahrhundert von klugen Männern sehr viel: neue Städte, neue Wohnkulturen, neue Berufe, neue Fortbewegungsmittel, eine neue großartige Medizin – und damit mehr Freiheit, mehr Bequemlichkeit, mehr Wohlstand, viel mehr Vergnügungsmöglichkeiten, viel mehr Möglichkeiten der Lust –, aber auch neue Waffen und viele erst allmählich sichtbar werdende unbeabsichtigte Nebeneffekte all der neuen Segnungen, die uns durch ihre Unberechenbarkeit ängstigen und zu neuer Not werden.

Die Zeit, die wir durch die Technik gewinnen, wird zu viel weniger Zeit, wenn wir nicht aufpassen, weil unsere Möglichkeiten, unseren Aktionsraum zu vergrößern, immer mehr zunehmen. Die Abschirmung gegen die Unbill der Witterung und die unliebsamen Natureinflüsse wird zu größerer Krankheitsanfälligkeit, weil unsere Widerstandskraft mit der Nutznießung des künstlichen Schlaraffenlandes absinkt, die Möglichkeit zu unbeschwerter Genußfreude wird eingeschränkt durch die Gefahr des Mißbrauchs und damit des verfrühten Verschleißes. Zwar sind die großen Seuchen bewältigt, aber die Krankenhäuser sind gefüllt mit Unfallkranken, Zivilisationsgeschädigten und psychosomatisch Kranken, ja selbst die Lebensfreude, zu der neue Möglichkeiten vorhanden wären, zerrinnt in der Betriebsamkeit zwischen propagierten Scheinbedürfnissen und Konsumgier.

Wenn wir diesen zur Krankheit entartenden Einseitigkeiten unserer Zeit Herr werden wollen, brauchen wir eine Hinwendung zu Werten, die mit Geld nicht zu kaufen sind, brauchen wir eine Einstellungsänderung, die ohne die aktive Beteiligung der Frau nicht denkbar ist. An Problemen aus dem Bereich der Familie, der Liebesbeziehungen und des Berufs soll das verdeutlicht werden.

Die Familie heute ist durch die Möglichkeiten zu veränderter Lebensweise neuerdings mehr und mehr bedroht. Der erste Schritt hierzu wurde primär wohl durch die Erfindung brauchbarer Ersatzpräparate der Muttermilch getan – denn sie machten es möglich, daß die jungen Mütter bald nach der Geburt von ihren kleinen Kindern fort zur Arbeit gehen konnten. Ein

Heer von jungen Frauen tut das heute, viele, weil sie unbedacht in eine Schwangerschaft geraten sind, ehe das Nest fertig war, und um den Lebensstandard zu erreichen, den das ungeschriebene Gesetz der Konsumgesellschaft nun einmal verordnet, einige aus echter Not, die meisten, weil ihre Wissenschaftsgläubigkeit groß ist und ihr Horchen auf das innere Gefühl ungeübt blieb oder mißachtet wurde, das richtige Gefühl nämlich, bei ihrem hilflosen Kind bleiben und es nicht fremden Personen – auch der Schwiegermutter nicht – überlassen zu wollen, sondern für es da zu sein, solange es auf Hilfe angewiesen ist. Wir wissen heute, daß Kinder im Säuglingsalter sich an die Person binden, die sie versorgt, daß sie dieser gehorchen, sie nachahmen und aus Liebe zu ihr Verantwortungsgefühl und Gewissen entwickeln können; wir wissen, daß diese wertvollen Steuerungsfaktoren herabgemindert werden und ganz ausfallen können, wenn die Bezugspersonen in der ersten Lebenszeit dauernd wechseln. Daß [sittliche] Gefühlswerte, wie Liebe, Dankbarkeit, Pflichtgefühl, soziale Zuwendung, bei einer großen Anzahl von Jugendlichen nicht mehr vorhanden sind, hat seine Ursache außerordentlich häufig im Fehlen einer ursprünglichen Mutter-Kind-Beziehung in der ersten Lebenszeit und läßt sich in extremen Fällen, bei den jugendlichen Straffälligen, meist geradlinig nachweisen. 7,5mal so häufig, so zeigte eine Untersuchung bei Gereis und Wiesnet in der Jugendstrafanstalt Ebrach, als aus irgendeinem anderen Grunde entsteht Kriminalität auf dem Boden von ,,Mutterferne" in den ersten drei Lebensjahren! Viele dieser Kinder treibt es nämlich später geradezu suchtartig zum Diebstahl, wobei ihnen selbst unbewußt bleibt, daß unbestimmte Neid- und Rachegefühle vermischt sind mit dem Drang, sich doch noch das zu suchen, was sie nicht bekamen: die gleichmäßige, unaufhörliche Zuwendung ihrer Mutter. Auf diese Weise erfahren wir generell nicht nur eine Einbuße an sittlicher Kraft – es wächst zunehmend auch die Gefahr, daß das Gefühl für Familie, für ihre Notwendigkeit, ihren Wert ganz schwindet, so daß es zu neuen Modellvorstellungen kommt: der Kommune, der Ehe auf Zeit, der unvollständigen Familie, d. h.

der Erziehung unehelicher Kinder durch die Mutter allein, und anderer Vorschläge zur Polygamie. Diese Modelle bedürfen im Grunde keineswegs mehr der Erprobung; sie sind von einzelnen Personen oder Gruppen längst immer einmal versucht worden und regelmäßig gescheitert. Das liegt daran, daß sie Denkmodellen entsprangen, die ursprüngliche Gegebenheiten der menschlichen Natur unberücksichtigt ließen. Frauen wissen das im Grunde ihres Herzens, und deshalb scheiterte auch die Forderung zum öffentlichen Geschlechtsverkehr mit ständig wechselnden Partnern schließlich am Widerstand, am „Rücktritt" der Frauen aus diesen Kommunen. Und das lag nicht daran, wie man wähnt, daß sie noch zu sehr unter den ihnen eingeprägten gesellschaftlichen Zwängen stehen, sondern daran, daß ihre gesunde Natur, ihr gesundes Schamgefühl, ihr Bedürfnis nach einem einzigen Partner sich gegen die erdachte Zerrform der Kommune durchsetzte. Solange Frauen noch nicht vollständig seelisch verwahrlost, noch nicht gänzlich „ent-seelt" sind, sehnen sie sich nach dem *einen* Partner, mit dem gemeinsam sie eine Existenz gründen und eine Zukunft planen wollen, die den Wunsch nach gemeinsamen Kindern einschließt.

Und unsere Hoffnung auf eine Zukunft kann nur darin bestehen, daß diese der Natur entsprechende Wunschwelt der Frau nicht vollständig verschüttet wird. Denn davon wird es abhängen, ob es für die Menschen in den hochtechnisierten Ländern noch Zukunft geben wird oder ob ihre Nachkommen seelisch so krank sein werden, daß Völker mit seelisch gesünderen Frauen an ihre Stelle treten.

Aber können wir das Rad denn zurückdrehen? Können und wollen wir denn aus der modernen, selbstbewußten, zum Beruf erzogenen Frau wieder die züchtige Hausfrau nach Schiller machen? Nein, das ist nicht gemeint. Auch wir Frauen haben von der Technik große Geschenke bekommen: die Möglichkeit zu größerer Unabhängigkeit von der Hausarbeit, die längere Lebenserwartung, die Befreiung von dem Zwang, ungewollte Kinder zu gebären, und von dem Schicksal, im Kindbett zu sterben, die Möglichkeit zu eigenem Verdienst, dadurch daß die Industrialisierung die Mitarbeit der Frau geradezu verlangt, und in diesem Zuge die Möglichkeit, sich – wie die Männer – für erwünschte Berufe ausbilden zu lassen. Das Geschenk dieser neuen Freiheiten dürfen wir nicht nur annehmen, sondern es verpflichtet uns sogar, es zu nutzen. Grenzen müssen wir uns lediglich dort setzen, wo lebens- und arterhaltende Aufgaben der Frau tiefgreifend vernachlässigt werden und wo diese neuen Freiheiten die Frauen in die Gefahr bringen, ihre Seele zu verkaufen und zu verlieren. Konkret müßte das in bezug auf den ersten Punkt heißen, daß die Frauen bereits als Kinder auf eine Zweipoligkeit ihres Lebens vorbereitet werden, d. h., daß eine abgeschlossene Berufsausbildung angestrebt werden sollte, daß sie ein berufsloses Intervall einschalten, solange ihre Kinder klein sind, und daß – am besten mit Unterstützung der Gesellschaft durch Schaffung von mehr Halbtagsstellen, Heimarbeit und Fortbildungskursen – auch die Familienmütter zur Selbstentfaltung im und durch den Beruf kommen können. In Rußland ist dieses Modell Wirklichkeit; denn die Diktatur des Proletariats erkannte rascher, daß die individuelle Behütung des Kleinkindes durch die Famile eine zwingende Voraussetzung ist für die Leistungsfähigkeit eines Kollektivs. Heimkinder – so wissen wir heute – sind in der Mehrzahl der Fälle lediglich zum Besuch von Sonderschulen fähig, da ihnen das leistungssteigernde Ausmaß an Zuwendung, Anregung und Ermunterung durch ihre Mutter fehlte, so daß ein Entwicklungsrückstand entsteht, der oft lebenslänglich nicht wieder vollständig aufgehoben werden kann.

Aber nicht nur durch ein Umgehen ihrer Mutteraufgaben können die Frauen heute mit Hilfe der neuen Freiheiten einen Seelenverlust erleiden. In einer bedrohlichen Weise fragwürdig für ihre seelische Substanz ist auch die Technisierung jenes Lebensbereiches, der ein Wesenszentrum für die Frau bildet: die Liebe. Was dort im letzten Jahrzehnt durch den Blätterwald der deutschen Öffentlichkeit rauschte, was sich würdig als sogenannte „Aufklärung" bemäntelte – Liebe nach Rezept gewissermaßen –, und zwar gelegentlich mit höchst fragwürdigen, der Natur der Frau keineswegs angemessenen Rezepten, kann dazu angetan sein, Frauen im Bereich der Liebe und Partnerschaft in einer gefährlichen Weise zu verunsichern, zu ernüchtern, ja zu „kränken" im wahrsten Sinne des Wortes. Hier wird eine falsche Bewußtheit erzeugt, eine Intellektualisierung, eine Auflösung von Tabus zu schrecklichem Zwang – Orgasmuszwang ist ein widerliches, aber als Warnung doch angebrachtes Wort –, die durchaus die Gefahr der Distanzierung, des Überdrusses, der Unlust, der „Kälte" heraufbeschwört – ein Ereignis, das nicht im Sinne der leichtfertigen, profitgierigen Rezeptmischer gewesen sein kann. Denn die Zahl der Frauen, die sich als frigide empfinden und deswegen einen Frauenarzt aufsuchen, nimmt ständig zu. Die Versexualisierung der Liebe bedeutet für die Frau eine Entartung, denn das hohe Gefühl von Zuwendung, Fürsorge, Verantwortung und Verschwendung an den anderen, das für die Frau Liebe ist, läßt sich nicht auf ein einziges Organ, nicht zu einem einzigen Teilaspekt herabmindern, ohne daß die Frau sich selbst als herabgemindert erlebt. Der Geist der Liebe ist viel umfassender als das physiologische Phänomen des Orgasmus. Wohl kann er sich dort inkarnieren, gewissermaßen als Symbol seiner Wesenheit, aber er zeigt sich überall dort, wo der Mensch über sein Ich, über seinen primitiven Egoismus hinauswächst und auf den anderen, ja auf ein Zukünftiges, Neues, Übergeordnetes gerichtet ist.

In diesem Sinne sagt Goethe am Schluß des Faust II, seines Hauptwerkes: „Das ewig Weibliche zieht uns hinan." Weibliches Fühlen, das sich preisgibt an die Liebe und an die Zukunft, ist eine Kraftquelle für die schöpferische Leistungsfähigkeit des Mannes, aber auch ein Anruf für ihn zu Verantwortung und Gesittung. Daß er durch die Art der weiblichen Liebe angespornt wird zu menschenwürdiger Gesinnung, Fürsorglichkeit, Verteidigungsbereitschaft, Rücksicht, macht die Bedeutung der Frau im Leben der Geschlechter aus. Ob uns die Ovulationshemmer wirklich helfen, diese Aufgabe und Rolle der Frau zu bestärken, ja auch nur zu erhalten, bleibt hingegen für alle Nachdenklichen eine sehr bange Frage.

Fragwürdig für die Frau ist darüber hinaus auch die übersteigerte Intellektualisierung und Versachlichung während ihrer

Vorbildung und Ausbildung zum Beruf und in dessen Ausübung.

Gewiß ist es sinnvoll, daß auch die Frauen denken lernen; aber im allgemeinen werden in den Ausbildungen der Mädchen heute naturwissenschaftliche und abstrakt-logische Lerninhalte überbewertet. Es wäre viel wesentlicher, sie mit einer vertieften Kenntnis des Menschen, seines Charakters, seines Verhaltens, seiner Krankheiten und seiner Nöte in ihr Frauendasein zu entlassen. Viel Schulmüdigkeit, viel Interesselosigkeit und viele gefährlich-falsche, vermännlichende Irrwege könnten auf diese Weise vermieden werden. Ich mache in Kursen an Mädchenausbildungsstätten immer wieder die Erfahrung, daß das Interesse für Soziologie, Psychologie und Pädagogik – wenn nur der Hauch des Lebens darin weht – groß ist, daß diese Gebiete anziehend für junge Mädchen sind. Sie nehmen freiwillig und in Überstunden an diesen Kursen teil, ohne daß ihnen dafür irgendein schulischer Lohn winkt. Das scheint mir ein sehr deutlicher Beweis zu sein, wie sehr diese Wissensgebiete dem eigentlichen Interesse der Frau entgegenkommen. Auch die Charaktereigenschaften des Pflegens, der Sorge, der Einfühlung, des Zuhörens, des Verstehens sind im Menschen förderbar. Der Geist der Frau könnte auch an Gegenständen geschult werden, die ihrem Wesen entgegenkommen, die ihr zudem eine neue Bewußtheit und ein neues Selbstwertgefühl vermitteln könnten. Es wäre wichtig, daß Mädchen auf den allgemeinbildenden Schulen erführen, daß nicht nur der Mensch etwas wert ist, der logisch denken kann, sondern ebensosehr der Mensch, der stark und einsatzbereit ist in der Kraft seines Gefühls.

Der Mensch gefährdet sich in seiner Existenz, wenn er der hypertrophen Vorstellung huldigt, Herr über Leben und Tod zu sein. Er scheitert am unzulässigen Überschreiten seiner Grenzen. Nur wenn die Frauen hier warnend am Weg stehen, nur wenn sie sich nicht der Gegebenheit verschließen, daß das Leben ein Geheimnis bleibt, auf das wir ehrfurchtsvoll zu lauschen haben, wenn es uns zum Segen gereichen soll, nur wenn wir uns täglich darum mühen, die Liebe in dieser Welt zu mehren, darf uns die Hoffnung erhalten bleiben, daß die technische Welt nicht an sich selbst zugrunde geht. Die Frage nach unserer Zukunft wird ihre Antwort letztlich darin finden, ob wir es schaffen, unseren Blick, der fasziniert auf die vordergründige, von uns selbst fabrizierte technische Welt gerichtet ist, von dort zu lösen und unser Leben wieder in den Zusammenhang überpersönlicher Sinnbezüge zu stellen. Das Tor zur Religion, das wir im Zuge dieser Entwicklung selbst zugeschlagen haben, wird sich am Bewußtwerden unserer menschlichen Begrenztheit wieder öffnen können. Für die Frauen sind dazu keine besonderen Anstrengungen nötig. Wenn sie mutig den entstellenden Plunder jener Künstlichkeiten abwerfen, die ihr Grundwesen verbiegen, finden sie in ihrer Eigenschaft, offenzusein für die Innenwelt, einen Zugang zur Transzendenz. Das hat Rilke gemeint, als er sagte:

> Schwer ist zu Gott der Abstieg. Aber schau:
> du mühst dich ab mit deinen leeren Krügen,
> und plötzlich ist doch: Kindsein, Mädchen, Frau
> ausreichend, um ihm endlos zu genügen.
> Er ist das Wasser: bilde du nur rein
> die Schale aus zwei hingewillten Händen,
> und kniest du überdies –: er wird verschwenden
> und deiner größten Fassung über sein.

Konkurrenzkampf als Ventil?

In unserem Leben heute spielt der Konkurrenzkampf eine außerordentlich große Rolle. Sich gegen irgendeine andere Person, ein Unternehmen, ein Geschäft durchsetzen zu müssen, neben dem anderen bestehenbleiben zu können, ist ein stark im Vordergrund stehender Handlungsmotor für viele Erwachsene. Er hält ihn in einer Dauerspannung, ja häufig sogar in einer dauernden Angst oder gar in einem Gefühl von Existenzbedrohtheit, so daß er für viele eine chronische Nötigung zur Wachsamkeit und zur Anstrengung bedeutet, eine Dauerbelastung, die die Amerikaner mit dem so kurzen wie praktischen Wort „Streß" bezeichnet haben. Dauerstreß, so hat man herausgefunden, ist ziemlich gesundheitsschädigend. Es treten zu wenig Phasen der Entspannung auf; es herrscht eine ungesund einseitige Überanstregung im Haushalt der Seele solcher Menschen, die dazu führt, daß Muskeln, Gefäße oder Nerven in Zustände der Verspannung geraten, so daß es zu schmerzhaften Körperzuständen und unter Umständen zu einem raschen Verschleiß kommt.

Muß Konkurrenzkampf zwischen Menschen sein? Ist er unumgänglich oder vielleicht sogar in irgendeiner Weise nützlich, kann er nicht z. B. eine Art Ventil sein, um schädliche Neigungen zu kanalisieren?

Um Fragen dieser Art beantworten zu können, müssen wir uns etwas eingehender mit dem Phänomen des Konkurrenzkampfes an sich befassen. Zunächst einmal ist sicher: Es war nicht erst das kapitalistische Zeitalter, das den Konkurrenzkampf erfand. Bereits in der Geschichte von Kain und Abel geht es um Konkurrenz, um die Frage, wer hat mehr Erfolg, wer kann es besser und erweist sich damit als der Ranghöhere? Ob es sich dabei um Opferrauch, körperliche Stärke, sportliche, geistige oder künstlerische Fähigkeiten handelt, ist im Prinzip das gleiche. Im Konkurrieren geht es immer um ein Sich-miteinander-Messen mindestens zweier Kontrahenten – mit dem Ziel, Über- oder Unterlegenheit festzustellen. Die ergibt sich aus dem Erfolg oder Mißerfolg der miteinander im Wettstreit Liegenden.

Diese Grundgegebenheit ist nun keineswegs ein Handlungsphänomen der Menschen allein. Konkurrenzkämpfe finden bei allen höheren Lebewesen statt, die in einer Gemeinschaft leben. Meistens, so haben uns die Verhaltensforscher gelehrt, spielen sich diese Kämpfe nach streng festgelegten Regeln ab, sie vollziehen sich nach immer gleichen Ritualen und sehen für den Außenstehenden oft bösartiger aus, als sie es sind. Jedenfalls kommt es in den seltensten Fällen bei Konkurrenzkämpfen zwischen Tieren einer Art zu einer Vernichtung, zu schwerer Verletzung oder gar Tötung des Gegners. Es wird lediglich festgestellt, wer der Stärkere ist und wer damit ein Anrecht auf das Weibchen, das Futter oder den Schlafplatz hat. Es wird also eine Ordnung festgelegt, die unterschiedlich zu mehr oder weniger großer Berechtigung führt. Diese Ordnung ist bei allen in Gemeinschaft lebenden höheren Tieren bekannt; jedes einzelne weiß, was dem einen oder dem anderen Artgenossen zusteht, und respektiert diese unterschiedlichen Rechte; oder aber es fordert im Rangordnungskampf den Ranghöheren heraus – am Ende steht auf jeden Fall eine – dynamische – ‚Hackordnung'. So kann man z. B. bei der Fütterung in einem Affenkäfig mühelos feststellen, wie die einzelnen in der Rangordnung stehen. Die Tiere, die den höchsten Platz in der Affengemeinschaft errungen haben – meist sind das die größten und stärksten Männchen –, nehmen gelassen alle Bananen an sich, die nächsthöheren die Äpfel, die am rangniedrigsten müssen sich auf den Genuß saurer Zitronen beschränken. Diese Anerkennung einer Rangordnung ist nicht einfach Dummheit oder Repression mit Hilfe eines brutalen Prinzips. Sie hat sich innerhalb der Evolution bewährt, ist damit also eine „Tradition", die ihre Berechtigung aus ihrer Zweckmäßigkeit bezieht; denn die hierarchische Organisation der in einer Gemeinschaft lebenden Tiere erwirkt die größere Chance dieser Gruppe zu überleben. Dadurch, daß durch ritualisierte Konkurrenzkämpfe eine Unterscheidung stattgefunden hat, wer in der Rangfolge der Stärkere ist, ergibt sich nämlich nicht nur eine unterschiedliche Rangfolge von *Rechten,* sondern auch eine solche von *Pflichten.* Die stärkeren Tiere treten im Kampf gegen einen äußeren Feind als erste in Aktion, bilden die Avantgarde des Kampfes, während die schwächeren in solchen Situationen beschützt, ja häufig geradezu in einem Ring der Kampfkräftigen wie in einer Art Wagenburg verteidigt werden.

Sich solche sinnvollen „natürlichen" Aufgaben von Konkurrenzkämpfen klarzumachen ist außerordentlich aufschlußreich, um uns Menschen besser zu verstehen; denn so weit sind wir eben doch noch nicht von den Tieren entfernt, daß dieses angeborene Verhaltensinventar nicht auch noch bei uns seine Wirkung täte.

Auch im Menschen existiert auf endogener Grundlage noch ein gesundes Bedürfnis, sich mit und an seinen Mitmenschen zu messen und in einen Leistungswettstreit mit ihnen zu treten. Ein großer Teil unserer Spiele und unser gesamtes Bildungswesen mit seinem Zensursystem und seinen Berechtigungsscheinen, den Zeugnissen, fußt ja auf dem Konkurrenzprinzip. Daß das erfolgreich so praktiziert werden kann, ist dadurch möglich, daß solche Turnierkämpfe aller Art eben bereits von Kindern mit Lust erstrebt und dadurch auch verstärkt werden, so daß eine immer erneuerte Motivation zur Wiederholung entsteht – auch dann, wenn der Mensch einige Male die Erfahrung gemacht hat, daß er verloren hat, daß er der Unterlegene war, daß er den kürzeren zog. Die Lust am Konkurrenzkampf ist außerordentlich elementar und nur durch oft wiederholte negative Erfahrungen allmählich abbaubar. Diese Tatsache, daß der Konkurrenzkampf auf der Basis eines Luststrebens zustande kommt, beweist sehr deutlich, daß es sich hier um einen tierischen Rest im Menschen, um ein endogenes Antriebsgeschehen handelt. Denn „Lust" ist ganz allgemein – auch in allen anderen Triebbereichen – der „Trick" der Natur, um lebens- und arterhaltende Betätigungen zu vollziehen. Wenn das so ist, müßte sich das Streben nach Konkurrenzkampf doch positiv verwerten lassen, vielleicht so, wie Konrad Lorenz, der berühmte Verhaltensforscher, es vorschlägt. Er meint, man solle den Menschen zu Konkurrenzkämpfen ermuntern, da das eine Möglichkeit sei, seinem in ihm ebenfalls noch stark vorhandenen, von den Tierahnen ererbten, aber doch nicht mehr recht brauchbaren Aggressionstrieb ein Ventil zu verschaffen, statt in zerstörerischen Formen, in Kriegen, blind nach Entlastung zu streben.

An dieser Stelle wird deutlich: Wenn wir die Frage umfassend beantworten wollen, ob der Konkurrenzkampf beim Menschen die sinnreiche Aufgabe haben sollte, seinen Aggressionstrieb zu entlasten, so müssen wir zunächst zu beantworten versuchen: Was ist das – die Aggression? Ist sie nur ein teuflisches Rudiment, oder kann sie vielleicht auch einen nützlichen Stellenwert im Leben der Menschen haben?

Über Aggression wird heute zwar allerorten viel gesprochen – aber im allgemeinen sind wir noch weit davon entfernt, über das Wesen der Aggression ein angstfreies Selbstverständnis entwickelt zu haben. Gefühlsmäßig sagt sich der Laie – und daran scheitert häufig das Vermögen zu neuer Einsicht: Aggression ist böse. Der Mensch empfindet mit Recht in sich einen Zensor, der ihm verbietet, aggressiv zu sein. Weil er aber dennoch häufig in sich den Drang spürt, den anderen anzugreifen, mit welchen Waffen auch immer, gerät dieser Impuls in einen Konflikt mit seinem Gewissen, der bewirkt, daß er seine Bedürfnisse nach Aggression angstvoll verdrängt nach dem Motto von Morgenstern: „Und so schließt er messerscharf, daß nicht sein kann, was nicht sein darf!" Unseren neuen linksradikalen Befreiern geht es damit nicht anders und nicht besser. Obgleich sie unmißverständlich aggressiv ihre neuen Lehren verkünden, behaupten sie erstaunlich unlogisch, Aggression gäbe es im Grunde gar nicht. Wenn sie aufträte, bei Kindern z. B., sei das ein Zeichen dafür, daß die Eltern durch Unterdrückung diesen bösen Geist selbst beschworen, selbst künstlich erzeugt hätten wie einen Homunculus. Im Grunde ist aber auf diese Weise nicht der leiseste Fortschritt in die Realität hinein erzielt; denn die Aggression wird hier im Grunde nicht viel anders verteufelt als im finsteren magischen Mittelalter. An die Stelle der höllischen Wesen sind jetzt nur die bösen Erzieher getreten, die den angeblich zunächst guten Menschen böse machen. Die Rolle des Teufels wird den Erziehern aufgedrückt, die ihre Bosheit angeblich abermals durch die Bosheit ihrer Eltern so und nicht anders entwickeln mußten. Diese Irrlehre läßt sich mit einem höchst interessanten psychotherapeutischen Phänomen entkräften:

Es gibt Kinder, die so sehr an ihre Mutter gebunden sind, daß sie aggressive Handlungen, Trotz und Ungehorsam weitgehend unterlassen. Diese Kinder haben Mütter, die sich in ihrem erzieherischen Verhalten ähneln. Es sind die sogenannten überbehütenden Mütter. Diese pflegen in der Kleinkinderzeit einen sehr nahen, guten, warmen Kontakt mit ihren Babys, sind immer für sie da und befriedigen aufopfernd deren Bedürfnisse. Oft in eingekapselter Isolation, halten sie diesen für die Säuglingszeit sinnvollen, danach aber zunehmend mehr fragwürdig werdenden Zustand bei. Die Kinder werden ängstlich und meist sehr beschützend behütet. Ihr trotziger Ungehorsam, z. B. wenn sie abends ins Bett gehen müssen, wird mit Geschick und mit vorausdenkender Identifikation unterbunden. Die Kinderstube bleibt ein schönes und friedvolles Paradies. Wenn man nun aber meint, dieses müsse doch wohl das absolute Ideal sein und die in dieser Art erzogenen Menschen müßten glückliche, weil friedliche Menschen werden, so irrt man sich. Zwar wirken viele Erwachsene, die eine solche Kinderstube hinter sich haben, später äußerlich friedlich, aber dennoch sind sie dabei gedrückt unglücklich. Viele schaffen es nie, sich von dieser göttlichen Mutter überhaupt loszulösen, bleiben unverheiratet bei ihr wohnen, hinter dem Ofen gewissermaßen, in einer sie krankmachenden weiterhin überbehüteten Situation. Vor allem aber bleiben die meisten weit hinter ihren eigenen Lebens- und Berufszielen zurück, und das obgleich sie zunächst sehr gute Schulleistungen zeigten. Das liegt nun vor allem daran, daß sie sich nicht durchsetzen können, daß sie – wie man im Volksmund sagt – keine Ellenbogen haben und daß sie es weder im Konkurrenzkampf noch im Umgang mit anderen Menschen schaffen, sich einen Platz zu erkämpfen, sich den nötigen Abstand um sich herum zu verschaffen. Solche Menschen sind oft von übertriebener Hilfsbereitschaft, werden dann aber sehr schnell von allen Personen ihrer Umgebung ausgenutzt, geradezu überfahren und können auf diese Weise in eine Überbürdung ihrer Kräfte hineingeraten, die sie, wie ein Baum, dem von den anderen das Licht zum Leben genommen wird, in eine schwere Existenzkrise geraten läßt.

Diesen Sachverhalt hat am schönsten Bert Brecht in seinem Stück „Der gute Mensch von Sezuan" dargestellt, wo das hilfreiche Mädchen Shen Te sich in der Not ihrer Überforderung schließlich zum bösen Vetter Shui Ta verkleidet, der mit energischer Aggressivität das nötige Gleichmaß zwischen Hilfsbereitschaft und Eigenrechten wiederherstellt.

Die Tiefenpsychologie kennt seit zwanzig Jahren diese Gegebenheit und bezeichnet die Schwierigkeiten solcher Menschen mit einer bestimmten Diagnose: nämlich als Aggressionshemmung. Das kann sie mit Recht; denn es zeigt sich, daß Menschen, die mit Hilfe des Psychotherapeuten in die Lage versetzt werden, ihre Rechte zu verteidigen, die den bösen Vetter Shui Ta also gewissermaßen in sich nachentwickeln, dabei seelisch gesunden und nun erst freie, glückliche und von der Umwelt anerkannte, zufriedene Menschen werden. Aus dieser Gegebenheit können wir lernen, daß die Aggression zu den lebenserhaltenden Antrieben des Menschen gehört, die in der Kindheit mit Hilfe des Trotzes entfaltet werden muß und den Sinn hat, die Überlebenschancen und Entfaltungsmöglichkeiten des Menschen zu erhöhen und zu garantieren. Daß diese Vorstellung richtig ist, geht auch aus der Tatsache hervor, daß Menschen, die in ihrer Kindheit eine Aggressionshemmung erworben haben, meistens schon als ältere Kinder eine merkwürdige Verarmung ihres ursprünglichen Einfallsreichtums zugunsten einer skrupelhaften Übergenauigkeit zeigen. Das sind die

Kinder, die immer kleiner und kleiner schreiben und mit dem Lineal zeichnen, so daß die darüber zunächst beglückten Eltern meinen: Der muß einmal ein Beamter werden! Und das wird er dann auch. Aber Beamte, die aufgrund ihrer Aggressionshemmung in diesen Beruf gebracht wurden, sind unterschwellig leider doch auch verdeckt aggressiv, es sind die unfreundlichen, ja oft sadistischen Griesgrame hinter den Schaltern, die die Wartenden auf jeden Fall erst einmal ihre Macht fühlen lassen und die Mitmenschen schikanieren. Diese Tatsache, daß erst die *Hemmung* der Aggression diese zu mehr oder weniger offenen Formen von schädlichen Neigungen wuchern läßt und gleichzeitig die Möglichkeit zur eigenschöpferischen Leistung unterbindet, zeigt, daß der von uns als „böse" gebrandmarkte Stachel der Aggression keineswegs ein überflüssiges Rudiment ist im Seelenhaushalt des Menschen, sondern daß er geradezu ein Entwicklungsstimulans darstellt, ohne das Entfaltung des Menschen nicht vorankommt. Wie zu keiner anderen Zeit bestätigt uns heute gerade unser Wirtschaftswunderschlaraffenland, das wie eine weichverwöhnende Mutter wirkt, daß der Mensch in der großen Gefahr ist, in Trägheit zu versumpfen, wenn ihn nicht die Not der Verlassenheit antreibt und erfinderisch macht.

Im Grunde – so kann uns die praktische Erfahrung mit seelisch gestörten Menschen lehren – ist Aggression ein wertneutraler Antrieb. Er hat eine lebenserhaltende Funktion, nämlich die, durch Handlungen des Abstoßens, des Verteidigens, der Selbstbehauptung, das Maß an lebensnotwendiger Freiheit zu erwirken, ohne die der Mensch erdrückt wird und zugrunde gehen muß. Innerhalb seines Lebens braucht der Mensch auf verschiedenen Reifestufen diesen ihm vorgegebenen Antrieb in verschiedenen Bereichen und verschiedenen Formen. Das Kleinkind muß sich gegen die Urbindung an die Mutter mit befreiendem Trotz zur Wehr setzen, das ältere Kind muß sich im Rivalitätskampf mit den Geschwistern und den Klassenkameraden behaupten, der Heranwachsende muß sich im Beruf einen Platz erkämpfen, der erwachsene Mensch braucht Strebungen dieser Art gegen ein Übermaß an Beanspruchung, um seine Familie, seine Gemeinde, die Gemeinschaft, der er angehört, verantwortlich mitzuschützen. Böse wird Aggression erst, wenn sie sich aus diesem Zusammenhang löst, wenn sie gestaut und krankhaft verbogen Vergeltung und Rache durch Vernichtung und Alleinherrschaft anstrebt. Wenn ein Mensch in dieser Weise seelisch krank wird und entartet, so liegt das allerdings in den meisten Fällen daran, daß der natürliche Aggressionstrieb nicht in einem maßvollen Erziehen, sondern in einer knüppelnden Gewaltherrschaft der Erzieher aufgeheizt und gestaut wurde. Menschen, die mit dem Stock großgezogen wurden, d. h., deren Gehorsam mit Gewalt erzwungen wurde, leiden später häufig darunter, ihre Aggressionen nicht steuern zu können. Sie sind jähzornig, starrsinnig, rechthaberisch, zynisch, ja häufig sadistisch. Die unangemessene Erziehung führt dazu, daß sie von ihrer Aggression beherrscht werden. Deshalb heißt es im Volksmund richtig: „Ihn reitet der Teufel."

Zusammenhänge und Kenntnisse dieser Art sind geeignet, uns als Rüstzeug zu dienen bei der Beantwortung unserer Frage: Ist es richtig, Konkurrenzkämpfe zwischen Menschen zu fördern, um ihren Aggressionen zur Entlastung zu dienen?

Nun, eines haben unsere Überlegungen über das Wesen der Aggression verdeutlicht: Im Grunde brauchte man solche künstlichen Entlastungsversuche für die Aggression des Menschen nicht zu unternehmen, wenn man ihn seelisch gesund erzöge. Aggressionshemmungen und unbeherrschbare Aggressivität bei Menschen werden am sichersten vermieden, wenn man kleinen Kindern einerseits genug Eigenaktivität und Eigeninitiative läßt und ihnen in ungegängelter Weise die Möglichkeit gibt, im Kleinkindalter den näheren Lebensraum zu erobern. Andererseits aber ist es gerade in dieser Zeit nötig, daß den Kindern nicht schrankenlos alles erlaubt ist, daß die Kinder ihre Eltern auch gelegentlich als die „Nein-Sager", die Verbietenden, die Bösen erleben, die die Auseinandersetzung nicht scheuen. In einem gesunden Maß entfaltet sich der Aggressionstrieb am besten, wenn die Eltern, ohne Kadavergehorsam zu erzwingen, den Kindern doch mit energischer Festigkeit Grenzen setzen; denn ein schrankenloses Alles-Erlauben und

Alles-laufen-Lassen entlastet den nach Befreiung suchenden Aggressionstrieb nicht, sondern läßt ihn geradezu wuchern. Hat sich der Aggressionstrieb des Menschen zu einer angemessenen Möglichkeit, nein zu sagen, sich zu wehren und zu verteidigen entwickelt, so ist es keineswegs nötig, für ihn künstlich Ventile zu suchen. Er kann in Situationen, in denen Verteidigung nötig wird, mit Überlegenheit und Gelassenheit eingesetzt werden. Künstliche Entlastungen sind nur in den pathologischen Fällen nötig, in denen der Mensch wie eine Art Dampfkessel unter Überdruck steht und sich damit in der Gefahr befindet, am unangemessenen Ort und in unangemessener Form zu explodieren. Konkurrenzkampf als Ventil einzusetzen ist also im Grunde lediglich eine Frage des therapeutischen Mittels bei seelisch gestörten Menschen mit einem gesteigerten aggressiven Antriebsdruck.

Diese Gegebenheit schließt nicht aus, daß der bei uns z. Z. von der Kleinkinderzeit bis ins hohe Alter hinein praktizierte Konkurrenzkampf in der Tat einen großen Teil des aggressiven Antriebspotentials bindet, ja daß ungehemmte Aggressionsentwicklung nötig ist, um ihm gewachsen zu sein, um innerhalb seines Lebens einen angemessenen Rang in der Hierarchie der menschlichen Ordnungen erringen zu können. Das Unglück des Aggressionsgehemmten besteht ja gerade darin, daß er in solchem mehr oder weniger harten Kampf versagt und trotz aller Güte, Hilfsbereitschaft und Friedlichkeit keine Anerkennung findet, keine angemessene, „angesehene" Stellung erwirbt und damit – meist unglücklich über diese Lage – das schwarze, unbeachtete Schaf in irgendeinem vergessenen Winkel seiner Sozietät bleibt.

Dennoch fühlen wir uns unbehaglich, wenn wir uns nach einer Erhellung dieser Zusammenhänge mit all diesen so notwendigen, wenn auch tierischen Resten einfach abfinden. Aber wir können auch keine Lösungen oder Verbesserungen dadurch erwirken, daß wir das Tierische einfach verleugnen. Das hat uns unser Nachdenken über Aggressionen eindeutig gezeigt. Mit dem Konkurrenzkampf ist es nicht anders. Wir können nicht – unrealistisch wie die neuen Linken – einfach erklären, wir wollten jetzt jedes Streben nach einem hierarchischen Ordnungsgefüge, jedes Privileg eines Ranghohen, eines Professors, eines Ministers, eines Unternehmers abschaffen und die Inhaber solcher Privilegien mit Tomaten bewerfen, weil sie „Autorität" hätten – und das sei böse. Jede Tiergesellschaft kann uns eindeutig zeigen, daß dieses Gefüge einen guten Sinn hat und daß in einer gesunden Ordnung in der Tat mit den höheren Rechten auch die hohen Pflichten verknüpft sind. Das dient sehr dem Ganzen, nämlich dem besten, dem zweckmäßigsten Schutz der Gesamtheit. Und nicht nur in Zeiten der Not, der Gefahr und der Bedrohung von außen ist dieses Gefüge zweckmäßig. Eine Gesellschaft gedeiht am besten, wenn sie von einer elitären Gruppe geleitet wird, die kraft ihrer Fähigkeit dazu auch am besten geeignet ist.

Diese positive Funktion des Konkurrenzkampfes wird beim Menschen freilich dadurch in Frage gestellt, daß, wie wir bereits bei der Aggressionsentwicklung aufzeigen konnten, beim Menschen diese Abläufe keineswegs mit der zwanghaften Sicherheit funktionieren wie bei den Tieren. Die Rituale, die als Konkurrenzkampf bei Tieren vollzogen werden, sind im Verhaltensrepertoire dieser Tiere angeborenerweise festgelegt. Es ist einfach ausgeschlossen, daß zwei Ganter, die sich um die Gunst einer Gans bemühen, ihre scheinbare Kampfgebärde, mit Hals und Schnabel nach vorn zuzustoßen, umfunktionieren zu einem blutigen Kampf und danach trachten, sich zu verletzen oder gar zu töten. Sie führen diese Kampfgebärde nur zum Schein aus, stoßen seitlich aneinander vorbei, und wer das am längsten, am besten kann, ist der Sieger, was der Unterlegene durch eine entsprechende Gebärde bekundet. Die Tötung des Artgenossen ist längst innerhalb der Evolution herausgezüchtet, weil sie sich ja im Kampf ums Überleben der Art als eine unzweckmäßige, unterlegene Methode erwies.

Diese Determiniertheit, die Unfreiheit der Handlungsweise ist beim Menschen nicht mehr vorhanden. Er *braucht* sich nicht an das Ritual zu halten, er kann auch anders handeln, er kann auch töten! Normalerweise schlägt aber auch der Mensch nicht über die Stränge, denn er hat in sich einen Zensor, das Gewissen, das Handlungen verbietet, mit denen er seinen Artgenossen schwer schädigt oder tötet. Hier liegt interessanterweise auch die Wurzel der Gegebenheit, daß wir das Phänomen der Aggression als böse abwerten und zu verleugnen suchen. Dieser blinde Fleck in unseren „Augen" steht im Dienst eines geradezu automatisch funktionierenden Gewissens. Mit seiner Hilfe werden wir vor uns selbst beschützt! Deshalb können wir jetzt auch die Aussage machen:

Nur wenn dieses ausgewogene Prinzip von Antriebshandlung einerseits und Gewissenszensur andererseits beim Menschen *nicht* funktioniert, kommt es zu überschießenden Handlungen, wie z. B. dazu, daß ein Mensch im Konkurrenzkampf seinen Bruder totschlägt. Wenn er das tut, so ist das ein sicheres Zeichen dafür, daß sein seelisches Regulationssystem nicht funktioniert, daß er krank ist. Die Möglichkeit zur Freiheit ist bei den Menschen also größer als bei den Tieren, sie ist aber keineswegs total. Der Mensch hat zwar einen wesentlich größeren Verhaltensspielraum als das Tier, weil seine Lernfähigkeit größer und variabler ist, aber er hat, solange er gesund ist, auch die Möglichkeit zu Bindung und Steuerung, zu maßvollem Handeln. Die tragische Not der Maßlosigkeit entsteht bei ihm vor allem dadurch, daß die gesunde Antriebs- und Gewissensentfaltung durch unangemessenes Erziehen in den ersten Lebensjahren nicht zu einer ausgewogenen Entwicklung kommen konnte. Menschen oder Gesellschaften, die im Konkurrenzkampf morden oder morden lassen, sind nach dieser Definition krank, und daher gehen Gruppen, in denen das zum Verhaltensstil wird, früher oder später zugrunde.

Wir kommen also in unserem Fragen nach dem Konkurrenzkampf zu der Erkenntnis, daß wir Kultivierung in dieser Hinsicht am ehesten dadurch anstreben können, daß wir es von unseren tierischen Vorfahren per Einsicht lernen, unsere Konkurrenzkämpfe so zu organisieren, daß genaue Spielregeln entworfen werden, die das moralische Ziel haben, den Unterlegenen vor entehrender oder ihn seelisch und körperlich schädigender Niederwerfung zu bewahren. In einer solchen Kultivierung des Konkurrenzkampfes könnte es z. B. möglich werden, sich bei dem Unterlegenen zu entschuldigen oder ihn durch Geschenke zu trösten; es könnte die Verpflichtung des Stärkeren gegenüber dem Schwächeren deutlicher und in Rückbindungen zwischen den einstigen Partnern zum Ausdruck gebracht werden.

An Überlegungen dieser Art können wir uns klarmachen: Wir dürfen und sollten das Ausleseprinzip nicht abschaffen, weil wir sonst in die Gefahr der Selbstvernichtung geraten. Aber wir sollten mit der Kenntnis unserer Natur auch auf Möglichkeiten sinnen nach einer gerechteren Hierarchie aufgrund von gerechteren und menschlicheren Auswahlbedingungen. Denn der brutale Konkurrenzkampf bewirkt eben *auch* eine Schwächung des Kollektivs, weil das die Zurückgestoßenen durch Entmutigung lähmt. Deshalb sollte es zu einer neuen Ethik gehören, ein faires Konkurrieren und ein barmherziges Verhalten gegen den Unterlegenen zu postulieren. Meines Erachtens müßte es für den Menschen allmählich möglich sein, die Lust am Konkurrieren umzubahnen in eine Lust am Erfolg, die sich nicht mehr am anderen mißt, sondern an den eigenen Leistungsschritten. Das System des Leistungsprinzips in den Waldorfschulen erscheint mir als eine nicht unwesentliche Möglichkeit in eine solche Humanisierung hinein.

Wir sehen also: Es kommt nicht darauf an, als eine Art Entlastungsspiel Konkurrenzkämpfe als Ventil gegen Aggressionen zu verwenden – eine solche Manipulation ist des Menschen unwürdig und kann kein Allheilmittel gegen Aggressionen sein; wir müssen vielmehr bestrebt sein, unsere ererbten „tierischen" Fundamente so zu verstehen, daß wir die positiven Funktionen, die in ihnen enthalten sind, bestärken und mit Hilfe unserer Reflexion und Einsicht so verändern, daß sie der geistigen Höherentwicklung des Menschen dienlich sind.

Zur Sexualität befreit – zur Abartigkeit verführt?

Eine Kritik an modischen Empfehlungen zur Sexualerziehung

Mit „Sex" und „Porno" Geschäfte zu machen ist heute eine gängige Angelegenheit geworden. Der Bundesbürger trägt's mit gelassener Toleranz und hält es für eine fast amüsante Mode, daß ihm mit Hilfe unserer kostbaren Erfindung, der Kamera, von Monat zu Monat zunehmend mehr enthüllt wird von weiblichen Reizen und unmißverständlichen Umarmungsszenen, die man früher kaum photographierte, noch weniger aber – weil durch Gesetz behindert – in der Öffentlichkeit reproduzierte.

Die Sexwelle eskaliert. Gleichzeitig wird ringsum im Blätterwald der Presse dem Leser die „Erkenntnis" vermittelt, daß „Sex" und „Porno" niemandem schade (die Sexualwissenschaft weiß das) und daß es sich hier glücklicherweise um eine längst notwendig gewordene Befreiung handele; denn die bisherigen Gepflogenheiten waren lediglich bestimmt durch falsche Scham, anerzogene Prüderie und eine gezielt repressive Absicht, nämlich die Ausbeutung des Arbeitnehmers der kapitalistischen Gesellschaft. Dieses Gesellschaftssystem muß aufgelöst werden. Dazu kann die Befreiung der Sexualität Wesentliches beitragen. Denn, so argumentiert die AUSS (Aktionsraum unabhängiger und sozialistischer Schüler): „die Fähigkeit zu kontinuierlicher revolutionärer Arbeit hängt wesentlich ab von der Überwindung charakterlicher Blockierungen, seelischer Störungen und sexuellen Leids". Da die Sexualität in unserer heutigen Erziehung in schrecklichster Weise unterdrückt wird – so sagen die Befreier –, entsteht eine Art künstlicher Verdummung, ein Duckmäusertum, auf dessen Basis die Menschen zu nichts anderem als zu geduldigem Stimmvieh fehlentwickelt werden. „Es kommt daher darauf an", so postuliert H. Kentler in einer 1970 erschienenen Schrift im Rowohlt-Verlag, „Sexualerziehung bewußt als politische Erziehung zu etablieren, auf die experimentelle Situation des Sexuallebens einzuwirken, daß das in ihr verborgene gesellschaftliche Veränderungspotential aktiviert wird."

Sollte man nicht beglückt sein über dieses Konzept? Sollten nicht gerade die Tiefenpsychologen, die Nachfahren Freuds, in Siegesjubel darüber ausbrechen, daß die Bastionen endlich gestürmt sind? Die Prüderie weicht dem offenen Bekenntnis zur Leiblichkeit, Unterdrückung wird abgeschafft, der Mensch kann sich ohne falsche Tabus zu seiner eigentlichen Freiheit, Menschenwürde und Brüderlichkeit entfalten. Wer wollte da nicht mit von der Partie sein?

Der weltoffene, seiner eigenen Veränderungsmöglichkeit bewußte, zum progressiven Engagement bereite Mensch will sich belehren lassen. Und er braucht auch nur zuzugreifen. Konzepte in beachtlicher Zahl werden zur Zeit auf den Markt geworfen. Was bei Kolle noch recht schwach kollerte, ist wissenschaftlicher, unverbrämter, direkter, ernster mit begründbarer Argumentation dargelegt bei Giese, Comfort, Reich, Marcuse, Schmidt, Kentler usw. Nach diesen Konzepten muß die Befreiung zur Sexualität bereits in der frühen Kindheit beginnen. Man empfiehlt:

1. Onanieren durch die Kleinkindzeit hindurch.
2. Die Veränderung des Inzesttabus zwischen Eltern und Kindern, indem sie nicht mehr ungerechtfertigterweise ausgeschlossen werden, sondern Eltern und Kinder gegenseitig die Erfahrung machen können, daß Versuche, miteinander zu koitieren, an der Enttäuschung der Unangemessenheit scheitern.
3. Das Zulassen und Unterstützen von sexuellen Spielereien im Schulalter, um die Koitusfähigkeit zu erleichtern, und die Unterrichtung der Jugendlichen in perversen Sexualpraktiken, um ihr Geschlechtsleben zu differenzieren.

4. Geschlechtsverkehr von der Geschlechtsreife ab, sowohl im privaten wie im schulischen Bereich, wobei praktischer Sexualunterricht erteilt werden sollte; infolgedessen
5. die uneingeschränkte Freigabe der Ovulationshemmer für junge Mädchen.

Sind das ernstzunehmende Empfehlungen?

Das Ausmaß der Orientierungslosigkeit in bezug auf die Sexualerziehung hat nicht zuletzt seine Ursache darin, daß die Zahl der Kinderpsychotherapeuten, die ihre Kasuistik über Sexualstörungen im Kindesalter publiziert haben, sehr gering ist, obgleich in diesem Fachbereich in den vergangenen Jahrzehnten betont Wert gelegt worden ist auf die Erforschung der Ursachen und der Heilung solcher seelischer Erkrankungen.

Die sexuellen Störungen des Menschen lassen sich nicht mit Hilfe von Befragungen erfassen, da sie häufig dem Probanden selbst unbewußt sind. Einer Sexualwissenschaft, die aufgrund von Befragungen pädagogische Empfehlungen gibt, können u. U. grobe Fehleinschätzungen unterlaufen, da sich schädigende Faktoren auf diese Weise der Erfassung entziehen. Kenntnisse, die pädagogische Empfehlungen zulassen, müssen mit Hilfe langfristiger Verhaltensbeobachtungen, psychoanalytischen Verfahrensweisen und tiefenpsychologischem Wissen über den Symbolcharakter der Spiel- und Trauminhalte von Kindern und Jugendlichen gewonnen werden. Es gibt praktikable Empfehlungen zur Sexualerziehung, die aus dieser praktischen Arbeit hervorgegangen sind, und die das Ziel haben, prüde Triebfeindlichkeit und ihre schädigenden Folgen abzubauen. Es ist im höchsten Maße bedenklich, diese an der Realität geprüften Erkenntnisse, die in der BRD noch keineswegs durchgängig bekannt sind, zugunsten theoretischer ideologisierter Denkmodelle zurückzustellen, die weit über das Ziel hinausschießen.

Im folgenden sollen daher die einzelnen Punkte der oben aufgezählten Empfehlungen diskutiert werden, und es sollen mit Hilfe psychoanalytisch orientierter Erfahrung aus der langjährigen psychagogischen Kinderpraxis Kriterien entwickelt werden, die es möglich machen, zu unterscheiden, welches erziehende Verhalten die seelisch gesunde Entfaltung der Kinder fördert, welches sie behindert oder ihr gar schadet.

In seinem Buch „Sexualerziehung" vertritt H. Kentler den Standpunkt, daß ein gesundes Kleinkind ein Bedürfnis nach Onanie habe, das lediglich durch repressive Sexualerziehung unterdrückt werde. Er behauptet, daß Kinder, die genug Gelegenheit bekämen, mit ihrem Genitale zu spielen, damit Ansätze zu intelligenten Leistungen zeigen und später in der Lage seien, ihre Freundschaftsverhältnisse vernünftiger zu gestalten. „Eifersucht, Kampf um den Alleinbesitz der anderen Seite kommen kaum vor" – und an anderer Stelle: „Nicht das erste Lächeln, sondern . . . die Spiele mit dem Genitale sind die Ansätze zu ersten selbständigen und intelligenten Leistungen. Die Mütter hätten also gute Gründe, sich über die ersten genitalen Spiele ihrer Kinder mehr zu freuen als über das erste Lächeln, denn sie sind ein sicherer Beweis für zufriedenstellende Mutter-Kind-Beziehungen."

Worte dieser Art sind geeignet, bei Laien eine heillose Verwirrung anzurichten. Denn welche bemühte Mutter strebt nicht nach einer „zufriedenstellenden Mutter-Kind-Beziehung", nach Intelligenz und Angepaßtheit ihres Kindes? Ich habe vor kurzer Zeit in meiner Praxis bereits ein junges Elternpaar erlebt, das mir seine zweijährige Tochter vorstellte mit der besorgten Frage, ob sie wohl schlechte Eltern seien, denn Petra zeige keinerlei Intentionen, an ihrem Genitale zu spielen. Sie fasse wohl einmal mit den Händen zu, und besonders der Vater (ein evangelischer Pastor) habe dann immer freudig gerufen: „Schön, Petra, schön", um sie zu bestätigen und zu unterstützen. Aber Petra habe sich immer bald wieder anderen Beschäftigungen zugewandt. Nun, dieses einzelne Elternpaar ließ sich davon überzeugen, daß es einer falschen Belehrung zum Opfer gefallen war, daß vielmehr gerade dieses Verhalten seines Kindes ein Zeichen seelischer Gesundheit sei. Aber neue Ängste, Sorgen, Beunruhigungen können auf diese Weise bei reformfreudigen Eltern hervorgerufen werden, denen eine solche Beratung nicht zur Verfügung steht. Darüber hinaus kann durch die Anregung und Unterstützung zur frühkindlichen Onanie durch die Eltern eine repressive Beeinflussung der Kinder in anderer Richtung einsetzen, nämlich der Unterdrückung eines natürlichen, nach außen gewandten Spielbedürfnisses zugunsten einer zwanghaften Onanie. Das wird zwar nur mit Hilfe außerordentlich geschickter Manipulation der Erzieher, und auch dann nur möglich sein, wenn das Kind ohnehin in seinem Interesse an der Welt bereits Schaden genommen hat, ist aber dennoch eine Gefahr für eine bestimmte Gruppe von seelisch labilen Kindern, nämlich für die, die als Säuglinge zu wenig Nähe, Hautkontakt und liebevolle Beachtung erlebten. Und die Zahl dieser Kinder nimmt heute durch die Berufstätigkeit der Mütter und durch das mechanisierte Füttern der Säuglinge durch interesselose Ersatzpersonen immer mehr zu. Für solche Kinder gleicht die Anregung zur Onanie geradezu einer Verführung, für die eine Bereitschaft bereits vorhanden ist. Denn ein zwanghaftes Onanieren ist keineswegs ein erstrebenswerter Zustand, ebensowenig wie ein zwanghaftes Nägelbeißen oder ein zwanghaftes Haarausreißen. Stereotypien dieser Art fixieren die Kinder an die Beschäftigung mit sich selbst und behindern die seelisch-geistige Entfaltung.

Die Vorstellung unserer Befreier zur Sexualität, narzißtische Sexualbetätigung sei die kindgemäße, die notwendige Durchgangsstufe zu reifer Genitalität, beruht auf einem laienhaften Denkmodell, beruht auf der skurril verzerrten Lehre Freuds, daß bereits das Kind ein geschlechtliches Wesen sei. Die unechten Jünger Freuds haben mißverstanden, daß er keineswegs meinte, daß das Kind in bezug auf seine Sexualität ein kleiner Erwachsener sei. Sie unterliegen damit einem ähnlichen Irrtum wie die Maler des Mittelalters, die statt Kinder zu beobachten und anzuschauen, auf ihren Gemälden verkleinerte Erwachsene als Kinder darstellten, wobei sie deren spezielle Wesenhaftigkeit übersahen und ihr nicht gerecht wurden.

Tiefenpsychologisch geschulte Fachleute, die in der psychotherapeutischen Arbeit mit Kindern stehen und in der Nachfolge von Sigmund und Anna Freud ihr Augenmerk besonders stark auf Formen und Erscheinungsweisen der kindlichen Sexualität gerichtet haben, können aufgrund ihrer Praxiserfahrung übereinstimmend andere Aussagen machen als unsere Theoretiker zur befreienden Sexualerziehung. Es hat sich gezeigt, daß im Säuglingsalter· das Saugen und Anschauen bevorzugte Antriebsimpulse darstellen. Sie werden im zweiten Lebensjahr bei gesunden Kindern von einem starken Bewegungsdrang abgelöst. Bei gesund entwickelten Kindern, die nicht gegängelt oder in ihren spontanen Impulsen eingeschränkt werden, kommt es wohl zu gelegentlichen Berührungen der Genitalien, aber ohne daß das zur Hauptbeschäftigungsform wird. Ein gelegentliches, auch nicht immer sichtbarlich verstärktes Interesse an ihren Genitalien zeigen Kinder vorübergehend in der Phase zwischen dem vierten und siebenten Lebensjahr. Hier, in der sogenannten phallischen Phase – nach Freud –, kommt eine Lust am Zeigen und Demonstrieren ihrer Geschlechtsteile, am Forschen und Zuschauen, ja auch an symbolischen Handlungen, die auf ein vorbewußtes „Wissen" um Sexualität schließen lassen, zum Vorschein. Wenn die Kinder aber in dieser Phase das Verständnis der Erwachsenen finden, wenn ihnen ihre Fragen nach den Geschlechtsunterschieden, nach Schwangerschaft und Geburt kindgemäß beantwortet werden (die Frage nach der Zeugung steht in diesem Alter noch nicht im Blickpunkt des Interesses der Kinder; das Fragen nach Zusammenhängen dieser Art setzt erst in der Vorpubertät ein, und verfrühtes Aufklären darüber wird einfach nicht verstanden und wieder vergessen), wenn die phallische Phase mit Hilfe verständnisvoller Behutsamkeit der Erwachsenen durchlaufen ist, kommt es in der sogenannten Latenzzeit zwischen dem achten und zwölften Lebensjahr zu einer Beruhigung dieses Interesses.

Von einem existentiell notwendigen Bedürfnis zum Onanieren, in der Öffentlichkeit gar oder in der Gemeinschaft, kann weder bei gesunden Kleinkindern noch bei Kindern im Grundschulalter die Rede sein. Zwar gibt es einige, die permanent am Genitale manipulieren, aber in den allermeisten Fällen kann selbst bereits der Laie erkennen, daß diese Kinder zusätzlich weitere Verhaltensstörungen zeigen, und zwar – skurrilerweise meist gerade die, die Herr Kentler mit Hilfe von Spielereien am Genitale ausschalten möchte: Kinder, die permanent onanieren, haben zu einem hohen Prozentsatz erhebliche Schulschwierigkeiten. Das liegt nicht daran, daß die Selbstbefriedigung dumm macht, wie ein Jahrhundert lang diese Beobachtung fehlgedeutet wurde, sondern daran, daß Kinder, die ein zwanghaftes Beschäftigen mit ihrem eigenen Körper entwickeln, so wenig Zuwendung und Förderung durch ihre Bezugspersonen erfuhren, daß sie sich infolgedessen die fehlende Liebe am eigenen Leib suchen müssen. Kindern aber, die in ihrer ersten Lebenszeit in dieser Weise vernachlässigt werden, geht das Interesse an der Welt verloren, häufig so weit, daß sie geradezu pseudodebil wirken können. Lernschwierigkeiten und zwanghaftes Onanieren sind also Symptome einer gemeinsamen Grundkrankheit, nämlich der, sich der Welt nicht neugierig und wissensdurstig zuwenden zu können.

Darüber hinaus haben Kinder, die in dieser Weise eine Fehlentwicklung erleiden mußten, meist auch große Schwierigkeiten mit ihren Kameraden. Da sie zuwenig Gelegenheit hatten, im Umgang mit der ersten Bezugsperson die Spielregeln von Wir-Beziehungen zu lernen, werden sie leicht zu ausgestoßenen Einzelgängern, was ihr gebahntes Bedürfnis, sich mit dem eigenen Körper zu trösten, im circulus vitiosus verstärkt. Daß diese Vorstellungen richtig sind, läßt sich auch immer wieder dadurch beweisen, daß Kinder, die durch eine psychotherapeutische Behandlung Gelegenheit bekommen, das Einüben in zwischenmenschliche Kontakte mit dem Therapeuten nachzuüben, ohne irgendwelche Beeinflussung nach der einen oder der anderen Seite ihre zwanghafte Onanie aufgeben – eben weil sie anderes, der Entwicklungsstufe des Kindes Angemesseneres und Förderliches zu tun haben und ihr Interesse darauf richten. Die Beschäftigung mit dem eigenen Körper, so betonen auch die Schweizer Meierhofer und Keller in ihrer umfangreichen Studie über die Schäden durch Vernachlässigung von Heimkindern, zeigen, daß „Heimkinder zu keiner vollen Entwicklung des direkten, umweltadressierten Ausdrucks gelangt waren".

Daß diese Vorstellungen praxisnäher sind, als die unserer Befreier zu kindlicher Sexualität, geht aber auch daraus hervor, daß der größte Teil solcher Heimkinder, die das „große Glück" hatten, onanieren zu müssen, nur verspätet eingeschult werden können und zu einem hohen Prozentsatz überhaupt nur zum Besuch der Sonderschule fähig werden.

So einfach lassen sich mit einem ideologischen Konzept leider keine neuen Rezepte zur Entwicklung von intelligentem und sozialem Verhalten entwickeln. Ja, mir scheint es dringend an der Zeit, daß Fachleute hier richtigstellend wirken; denn Experimente dieser Art an Kindern sind nicht nur falsch, sondern auch gefährlich. Wir können das deshalb bekunden, weil die Art unserer Arbeit, nämlich das oft jahrelange, zunehmend mehr offene und vertiefende Gespräch mit unseren heranwachsenden Patienten uns Einblicke gestatten in die Zusammenhänge zwischen frühkindlichen Schicksalen und späteren Schwierigkeiten. So können wir z. B. die Erfahrung machen, daß Menschen, die als Kinder zwanghaft onanierten, es häufig im Erwachsenenalter als Not empfinden, an diese sexuelle Praktik fixiert zu sein. Manche kommen – weil ihre Kontaktschwierigkeiten zu groß sind – nie zu einer zwischenmenschlichen sexuellen Beziehung, andere geben sie wieder auf oder vollziehen sie nur noch als „Pflichtübung", weil, wie eine fünfundvierzigjährige Mutter zu mir sagte, „die alte Onanie für mich eben doch das einzig Mögliche ist; denn damit ist alles andere schon verpatzt gewesen, bevor ich in die Schule kam". Auf diese Weise kann im Erwachsenenalter viel Leid entstehen, besonders auch in den Ehen, denn das Unvermögen zur Kommunikation mit einem Du kann zum Verfehlen eines zentralen, dauerhaften Glücks führen, wie es in reifer Partnerschaft möglich ist.

Erfahrungen dieser Art bestätigen einerseits die Vorstellung Freuds, daß die Genitalregion bereits bei kleinen Kindern sensibilisierbar ist und damit eine sogenannte erogene Zone darstellt. Aber es bestätigt sich auch seine Theorie, daß die Dominanz des Lustempfindens in der Kleinkindzeit in anderen Körperbereichen liegt. Erst aufgrund der physiologischen Reifungsvorgänge in der Pubertät verändert sich die Priorität der Antriebslokalisation zugunsten des Genitalbereichs. Kleinkinder haben – das muß hier ausdrücklich im Gegensatz zu unseren modernen Sexbefreiern gesagt werden – keinen von den Genitalien spontan ausgehenden Antriebsdruck. Das ist allein bereits daran erkennbar, daß keine noch so repressive Erziehung in der Lage wäre, einen solchen elementaren Drang einfach zu beseitigen oder in die verdummende Verdrängung zu schicken. Jeder elementare, lebenswichtige Antriebsimpuls, der mit Gewalt unterdrückt wird, zeigt sich wieder – oft verschlüsselt, aber doch unmißverständlich – als Ersatzventil, als Übersprunghandlung, in Form von Stereotypien, als skurrile Haltung, in Intentionsbewegungen, die verstümmelt, aber dennoch Aussagen machen über den eigentlichen behinderten Impuls. Wenn frühkindliche Sexualbetätigung ein drängendes Triebbedürfnis wäre, wäre sie längst in den Blickpunkt des offen fragenden Beobachtens von Kinderpsychotherapeuten und Psychagogen gerückt. Aber wir machen gerade die entgegengesetzte Erfahrung: Exzessives Onanieren kommt keineswegs häufig vor bei moralisierenden oder durch Überbehütung repressiven Erziehungsstilen, sondern viel häufiger als Ersatz für fehlenden Kontakt und kindgemäße Zärtlichkeit. Es hört auf, wenn die Kontaktnot dieser Kinder mit Hilfe des Therapeuten gelöst ist, und wird dann ersetzt durch ein altersentsprechendes Interesse an der Umwelt. Onanieren setzt hingegen keineswegs ein, wenn überautoritär geduckte Kinder aus dieser extrem dressierenden Erziehungsform befreit werden. Solche Kinder sind vielmehr eine Weile extrem frech, trotzig und ungehorsam und zeigen auf diese Weise, daß eine andere Antriebskategorie – die Aggression – wesentlich mehr Not gelitten hatte als die Sexualität.

Zusammenfassend läßt sich zu diesem Punkt sagen:
1. Frühkindliche Sexualität hat mit der genitalen Sexualität des Erwachsenenalters wenig gemein. Onanieren im Kleinkind-

alter ist deshalb keine entwicklungsnotwendige, Seele und Geist fördernde Angelegenheit, sie ist hingegen
2. in ihrer exzessiven Form immer ein Symptom dafür, daß in dem Kind lebenswichtige Antriebsbereiche anderer Art, wie z. B. Kontakt, leibliche Nähe und Zuwendungsbedürfnisse Not leiden, so daß per Übersprung die erogene Zone des Genitales eine Ersatzfunktion bekommen hat.
3. Stimulation zur frühkindlichen Onanie durch Erwachsene bewirkt eine Sensibilisierung dieser erogenen Zone, die den Menschen an diese sexuelle Praktik fixieren und den Übergang zur Erwachsenengenitalität erschweren, ja u. U. vollständig verstellen kann.

Rezepte, wie sie aus der Kommune 2 anhand der Grischageschichten angeboten werden, bedeuten Stimulation dieser Art und sind infolgedessen als verantwortungslos zu brandmarken und abzulehnen. Das Protokoll aus Kursbuch 17 vom 23. April 1968 läßt besonders deutlich werden, inwiefern hier keineswegs etwa ein Freilassen der Kinder, sondern eine unnatürliche und unkindgemäße Suggestion durch die Erwachsenen stattfindet. Um diesen Sachverhalt zu verdeutlichen, sollen einige Textstellen wörtlich wiedergegeben werden:

„Abends, beide Kinder liegen im Bett. *Ich streichle* Nessim, streichle dabei auch *seinen Penis.* Grischa: „Ich will auch einen Penis haben." *Ich versuche ihr zu sagen, daß sie doch eine Vagina (!) habe, die man streicheln könne.* Grischa wehrt ab: „Ich will auch 'nen Penis zum Pinkeln haben." . . . *Ich sage:* „Grischa, *du kannst* doch Nassers (= Nessims) Penis haben. Du kannst doch *seinen Penis streicheln.*" Grischa geht sofort darauf ein, will Nassers Penis streicheln. Nessim wehrt erst ab, fürchtet wohl einen aggressiven Angriff auf seinen Penis durch Grischa. *Ich sage, daß man den Penis ganz lieb streicheln müsse.* Beide sind jetzt einverstanden, streiten sich aber, wer zuerst darf. Ich sage irgend etwas Vermittelndes. Grischa streichelt ganz zart mit dem Finger Nassers Penis, darauf Nasser ebenso zärtlich Grischas ‚Vagina'. Dann versuchen beide zu koitieren."

Dieser Text läßt klar erkennen, daß die eindeutig sexualisierende Beeinflussung der erwachsenen Bezugsperson die sexuellen Spielereien der Kinder provozierte. Mit Recht verwahrte sich daher die Gruppe Hannover des Deutschen Ärztinnenbundes in einer im Niedersächsischen Ärzteblatt veröffentlichten Resolution an den Kultusminister gegen eine Anwendung und Verbreitung solcher Praktiken in Kindergärten, wie das gelegentlich bereits geschieht. Dort heißt es: „Aufklärung, verstanden als Übermittlung von Sexualpraktiken des Erwachsenen oder gar als ‚Erziehung zur Sexualität' mit Sexualisierung des Kindes und Aktivierung zwischengeschlechtlicher Praktiken oder gar Spielereien Erwachsener an Kindern ist keine Sexualaufklärung, sondern Kinderverführung."

Diese Resolution bezieht den nächsten der aufgezählten Punkte, die Empfehlung zu sexuellen Vorübungen zwischen Erwachsenen und Kindern bereits mit ein. Wir wollen prüfen, ob er diskutabel ist.

Diese Forderung erscheint selbst unvoreingenommenen, „modernen" Menschen heute einigermaßen erstaunlich. In linksradikalen Erziehungsprogrammen gehört sie aber zum Kernbestand. Die Bemühungen der dreijährigen Grischa um Kohabitation mit einem erwachsenen jungen Mann werden zum exemplarischen Modell. Diese Grischa-Geschichte aus der Kommune II hat folgenden Wortlaut:

„Protokoll von Eberhard, 4. April 1968: Nach dem Ausziehen kommt Grischa (3 Jahre) zu mir: „Will bei dir schlafen." Da ich müde und frustriert bin, lege ich mich angezogen zu ihr aufs Bett, will sie möglichst schnell einschläfern. Grischa hält mich mit Zeitungsblättern und Warum-Fragen wach . . .

Grischa sagt, sie braucht keine Decke zum Einschlafen. Außerdem soll ich nicht die Augen zumachen. Dann will sie mich streicheln, Hände und Gesicht. Ich darf sie erst streicheln, wenn sie gestreichelt hat, dann auch nur kurz. Zum Bauchstreicheln muß ich mein Hemd hochziehen. Ich liege auf dem Rücken. Grischa streichelt meinen Bauch, wobei sie meine 'rausstehenden Rippen als Brüste versteht. Ich erkläre ihr, daß das Rippen sind, ich nur eine flache Brust und Brustwarzen habe. Sie streichelt meine und zeigt mir ihre Brustwarzen. Wir unterhalten uns über die Brust von Mädchen, wenn sie älter sind. Dann will sie meinen ‚Popo' streicheln. Ich muß mich umdrehen. Sie zieht mir die Unterhose 'runter und streichelt meinen Popo. Als ich mich wieder umdrehe, um den ihren wie gewünscht zu streicheln, konzentriert sich ihr Interesse sofort auf ‚Penis'. Sie streichelt ihn und will ihn ‚zumachen' (Vorhaut über die Eichel ziehen), bis ich ganz erregt bin und mein Pimmel steif wird. Sie strahlt und streichelt ein paar Minuten lang mit Kommentaren wie ‚Streicheln! Guck ma Penis! Ma ssumachen! Mach ma klein!' Dabei kniet sie neben mir, lacht und bewegt vom ganzen Körper nur die Hände. Ich versuche ein paarmal, sie zaghaft auf ihre Vagina anzusprechen, sage, daß ich sie auch gern streicheln würde, wodurch sie sich aber nicht unterbrechen läßt. Dann kommt doch eine ‚Reaktion': Sie packt meinen Pimmel mit der ganzen linken Hand, will sich die Strumpfhose runterziehen und sagt: ‚Ma reinstecken.' Ich hatte zwar so was erwartet (Marion hatte von Badewannenspielen erzählt, wo Nasser seinen Pimmel vor Grischas Bauch hielt und sie sich so zurückbeugte, daß man ‚Penis in Vagina reinstecken' konnte, was aber mangels Erektion nicht gelang), war dann aber doch so gehemmt, daß ich schnell sagte, er sei doch wohl zu groß. Darauf gibt Grischa sofort ihre Idee auf, läßt sich aber die Vagina sehr zurückhaltend streicheln. Dann holt sie einen Spiegel, in dem sie sich meinen Pimmel und ihre Vagina immer wieder besieht. Nach erneutem Streicheln und Zumachversuchen kommt wieder der Wunsch ‚Reinstecken', diesmal energischer als vorher. Ich: ‚Versuchs mal!' Sie hält meinen Pimmel an ihre Vagina und stellt dann resigniert fest: ‚Zu groß'."

H. Kentler kommentiert diese Geschichte folgendermaßen: „Daß die kleine Grischa ihren Entdeckungsdrang frei ausleben kann, auch wenn Erwachsene betroffen sind, ist das Charakteristikum einer wirklich sexualfreundlichen Erziehung. Die Kinder brauchen ihre Triebwünsche, die sie an Erwachsene stellen, nicht unter dem Druck von Verboten zu verdrängen . . . Die Kinder machen vielmehr die Erfahrung, daß Erwachsene ungeeignet sind, um ihre Triebwünsche zu erfüllen, und diese Einsicht wird ihnen zum Antrieb, eine realitätsgerechtere Befriedigung ihrer erwachenden genitalen Sexualität bei Gleichaltrigen zu suchen." Und an anderer Stelle: „Je mehr es den Menschen gelingt, ihre Beziehungen rational zu organisieren, um so unnötiger wird es, daß sie sich von irrationalen Mächten – Aberglauben und Tabus – steuern lassen. Es stellt sich dann die Frage, ob das Inzest-Tabu nicht durch rationale Einsicht ersetzt werden kann, beispielsweise durch die Erkenntnis, daß die sexuellen Bedürfnisse von Kindern und Eltern so wenig einander entsprechen, daß jeder Versuch, aneinander Befriedigung zu finden, zu substantiellen Enttäuschungen führen muß."

Was ist zu solchen Kommunegeschichten und Kentlerschen Schlußfolgerungen vom Blickpunkt der Psychagogik her zu sagen?

Eines ist sicher: Diese Grischa-Geschichte gibt keineswegs das unbefangene, kindgemäße, gesunde Verhalten eines dreijährigen Mädchens wieder. Grischa ist – wie auch das zuerst zitierte Protokoll beweist – eindeutig durch Erwachsene sexuell stimuliert. Sie ist vermutlich sogar längst ein von erwachsenen Männern zu sexuellen Spielereien verführtes Kind. Es ist sicher, daß man auf diese Weise Lolita-Verhaltensweisen, ein frühreif erscheinendes Kokettieren und Sich-Anbieten bei kleinen Mädchen provozieren kann. Grischa ist da keineswegs der erste Fall. In der psychagogischen Praxis lassen sich immer wieder einmal Fälle konstatieren, bei denen sich frühe Kindesverführungen als die Ursache psychosomatischer Erkrankungen, schwerer Hysterien oder sexueller Verwahrlosung nachweisen lassen. *So* selten sind solche traurigen Schicksale nicht, daß wir nicht Aussagen machen könnten über die Charakterentwicklung solcher Kinder. Und zwar wirken gerade diese Kinder noch im Grundschul- und Jugendalter als besonders draufgängerisch, selbstbewußt und unbefangen. Daß das Schein ist, läßt sich unschwer an der Fülle ihrer Lebensschwierigkeiten ablesen. Ein Beispiel soll das verdeutlichen:

Annelie, 13 Jahre alt, machte auf den unbefangenen Beobachter den Eindruck geradezu strotzender seelischer Gesundheit. Sie saß, die Beine anmutig übereinandergeschlagen, auf ihrem Stuhl, streifte mit selbstgefälligen Blicken über das Miniröckchen und hatte die Arme mit lässiger Würde auf die Stuhllehne gelegt. Sie schaute mich an mit einem Blick, der zu sagen schien: „Nun, was sagst du jetzt, bin ich nicht ein bezauberndes Geschöpfchen?" Soviel bewußte Selbstwertschätzung pflegt meist auf schwankendem Grund zu stehen. Annelie war von der Lehrerin geschickt worden, weil sie im Unterricht fahrig-unkonzentriert war, und auch die Mutter klagte über nächtliche Unruhe des Kindes, gesteigertes Schwitzen, Kopfschmerzen und Übelkeit bei ihrer Tochter.

Die Testergebnisse (Rorschach, TAT, Sceno) zeigten eine unkindgemäße Mischung zwischen Anziehung und Grauen in bezug auf das männliche Geschlecht. Die Vorgeschichte erwies sich dementsprechend als ebenso ungewöhnlich. Die Mutter des Kindes hatte sich wenige Wochen nach seiner Geburt scheiden lassen, weil ihr Ehemann keine Kinder gewollt und sich schließlich lediglich mit der Geburt eines Sohnes einverstanden erklärt habe. Die Mutter zog das Kind im Hause ihrer begüterten Eltern auf und heiratete erneut, als das Kind drei Jahre alt war. Nach zwei weiteren Jahren entdeckte die Mutter ihren Mann eines Tages bei geschlechtlichen Spielereien mit dem Kind. Eine Untersuchung ergab, daß das Kind defloriert war und anscheinend bereits eine Reihe ähnlicher Szenen hinter sich hatte. Die Mutter ließ sich von ihrem Ehemann scheiden. Nun bat der leibliche Vater, die Betreuung der Tochter übernehmen zu dürfen. Aber das Kind kehrte bald zur Mutter zurück: der Vater erklärte, Annelie habe ihn wiederholt unmißverständlich zu sexuellen Spielereien aufgefordert. Um diese Zeit – als das Mädchen sechs Jahre alt war – hatte die Mutter einen Mann kennengelernt, den sie zu heiraten beabsichtigte. Begreiflicherweise hatte dieser neue Anwärter sich sehr um die Gunst von Annelie bemüht. Das Kind hatte aber – wie die Mutter meint – höchst seltsame Reaktionen gezeigt: einerseits sei es voller Koketterie, wie eine kleine Dame, andererseits lehne sie den neuen Vater ab und spiele ihn wie eine Intrigantin gegen ihren leiblichen Vater aus.

Verhaltensstörungen dieser Art findet man bei Kindern, deren Beziehung zu den Eltern verstört wird, im besonderen dann, wenn diese keine Vorbilder zu sein vermögen, an denen das Kind eine vertrauensvolle Vorstellung über Mann-Sein oder Frau-Sein entwickeln kann. Jenseits der Vierjährigkeit, wenn das magische Weltbild des Kindes zugunsten einer realitätsgerechteren und schärferen Beobachtung der Umwelt verblaßt, scheinen die Haltungen der Eltern einen spezifisch prägenden Einfluß auf das Kind auszuüben. Wird ein kleines Mädchen in dieser Phase vom Vater oder Ersatzvater erotisch oder gar sexuell stimuliert, so kann seine Einstellung zum anderen Geschlecht durch die unangemessene Verführung verunsichert werden, dergestalt, daß es sich zerrissen fühlt zwischen Anziehung und Furcht. Je nachdem, ob unter diesem Konflikt sexuelle Triebimpulse gänzlich verdrängt oder durch die Stimulation verfrüht gesteigert werden, kann es in der Pubertät zu vermehrten Schwierigkeiten kommen. Unter der Dominanz der Angst verstärken sich entweder die psychosomatischen Symptome – Ohnmachten, Straßenangst, Eßphobien sind in diesem Zusammenhang keine Seltenheit –, oder verfrühte sexuelle Kontakte, Promiskuität oder Prostitution bilden die Konsequenz der unharmonischen Entwicklung. Es kann aber auch sein, daß bei Mädchen das entstellte Vaterbild später lediglich eine fundamentale Unsicherheit in bezug auf Partnerschaftsbeziehungen hervorruft. Solche Mädchen pflegen dann zwischen Koketterie und Genitalangst zu schwanken. Feste Bindungen bleiben oft zeitlebens in Frage gestellt, so daß sich die gespannt-suchende Rollenhaftigkeit zum Charakterzug verfestigt.

Es ist ein Irrtum, zu meinen, die Schwierigkeiten, die solche Mädchen später haben, seien lediglich dadurch hervorgerufen worden, daß die sexuellen Spielereien verboten gewesen seien. In der Vorgeschichte von Prostituierten und sexuell verwahrlosten Mädchen zeigt sich häufig genug, daß sie in einem Kollektiv groß geworden sind, das so abseits und so sehr im Gegensatz zu gesellschaftlichen Normen stand, daß hier von einer Diffamierung und sexuellen Repression der näheren Umgebung keineswegs die Rede sein konnte. Der hauptsächliche pathogene Faktor, der sie in das Elend ihres Erwachsenendaseins führte, war die frühe Stimulation, die einerseits übersteigert sexualisierte, andererseits seelische Entfaltung auf Partnerbindung hin unterband, bevor sie in präpuberalen Wunschphantasien auf Verwirklichung hindrängen konnte.

Die Vorstellung, daß ein entscheidender Fortschritt der Menschheit erreicht sein würde, wenn alle Mütter ihre kleinen Söhne an ihrem Leib die Erfahrung machen ließen, daß ihr Penis zu klein ist, und alle Töchter an ihren Vätern die Einsicht gewännen, daß deren Penis zu groß für sie ist, ist fern aller gesunden Pädagogik. Im Gegenteil: Phantasien solcher Art erleben wir in der Praxis gar nicht einmal so selten bei Männern, die – durch ein trauriges Frühschicksal hervorgerufen – Angst vor der Beziehung zu einer erwachsenen Frau haben, so daß sie pädophile Ersatzwünsche entwickeln. Mit Sexualkunde oder gar wissenschaftlich fundierter Entwicklungspsychologie hat dergleichen nichts zu tun. Ihre sexuelle Bedürftigkeit kleinen Kindern zuwenden, das tun gerade die Männer, die im geheimen und uneingestanden unüberwindliche Angst vor dem „Weib" haben. Ihr Getöse um Sexualität gleicht dem lauten Singen eines bangen Kindes im dunklen Keller.

Auch der Vorschlag einer „experimentellen" Lösung des von Freud entdeckten Ödipuskomplexes durch sexuelle Praktiken zwischen Eltern und Kindern ist also von der tiefenpsychologischen Erfahrung her indiskutabel. Die sogenannte ödipale Phase der Kinder, etwa im Alter von fünf Jahren, hat – das ließ sich durch kritisches Beobachten an Kindern mittlerweile differenzieren – einen vollständig anderen Stellenwert und bedarf auch anderer erzieherischer Verhaltensweisen durch die Erwachsenen:

Während des gesamten Entwicklungsprozesses des Kindes ist das Verhalten seiner Erzieher von großer Bedeutung. Aber in der sogenannten ödipalen Phase stanzt sich das Bild von Vater und Mutter in der Seele des Kindes geradezu ein in einer Weise, die seine Einstellung zu sich selbst und späteren Lebenspartnern in einer entscheidenden Weise färben kann. Diese Phase setzt ein, wenn es so weit gereift ist, daß es sich selbst als abgehoben von der Umwelt erleben kann. Es unterscheidet sich nun von den anderen, stellt sich den Menschen seiner Umgebung gewissermaßen gegenüber und wird – zum erstenmal in seinem Leben – zu einem außenstehenden Beobachter, während es vorher eine Einheit mit seiner Umwelt bildete. In dieser Zeit ändert sich die Rolle der Erzieher für das Kind. Jetzt braucht es, erstmalig bewußt, ein Vorbild, eine Zielvorstellung, zu der hinzuwenden es sich lohnt. Um dieses Vorbild erkennen zu können, ist aber eine vorbereitende Unterscheidung notwendig: das unterscheidende Erkennen der Geschlechter und das Annehmen der eigenen Geschlechtsrolle. Deshalb bekommt die Frage nach der Verschiedenheit der Geschlechter und die Entstehung der Unterschiede einen so drängenden Charakter und bestimmt die Spielinhalte, Träume und Fragen in diesem Lebensabschnitt. Es wird jetzt von großer Wichtigkeit, bestätigt zu finden: „Ich bin ein Junge" bzw. „Ich bin ein Mädchen, und das ist gut und richtig so." Denn erst wenn diese Einstellung gelingt, kann das Kind weiter folgern – als Junge: „Dann werde ich eines Tages ein Mann sein wie der Vater"; als Mädchen: „Dann werde ich eine Frau wie die Mutter." Ja, schließlich pflegt in einer günstigen Familiensituation ein weiterer Schluß des kleinen Jungen in dieser Phase zu lauten: „Dann werde ich ein Mann wie der Vater und heirate eine Frau wie die Mutter"; beim Mädchen: „ . . . und heirate einen Mann wie den Vater." Es ist daher entscheidend für sein weiteres Schicksal und seine Vorbereitung zu Partnerschaft und Ehe, wie das Kind in dieser prägsamen Phase seine Geschlechtsrolle erfährt und wie es Vater und Mutter erlebt.

Welchen entwicklungspsychologischen Sinn hat dieses phasentypische Verhalten?

Auch das sexuelle Triebgeschehen des Menschen hat seine Voraussetzung in einem endogen bedingten Reizzustand, der mit Hilfe von Hormonausschüttungen in der Jugendzeit, mit dem Beginn der Geschlechtsreife einsetzt. Dieser Reizzustand bewirkt: Suchhandlungen, Werbehandlungen und auf die Endhandlung abzielende Bestrebungen. Das Triebobjekt ist ein gegengeschlechtlicher Artgenosse. Das Triebziel ist die Triebentspannung – bzw. Befriedigung durch die sexuelle Handlung. Dieser Vorgang, der auf angeborenen Instinktmechanismen aufgebaut ist, hat in der Fünfjährigkeit eine vorbereitende Prägungsphase, da das Erkennen des Triebobjekts nicht angeborenerweise bekannt ist. Dieses Kennenlernen des Objekts erfolgt in einem anderen Funktionskreis, als für den es bestimmt ist, nämlich an den Eltern. Durch unpassende oder unzureichende elterliche Vorbilder in dieser Phase kann eine Fehlentwicklung einsetzen, und zwar dergestalt, daß die Basis für eine spätere gegengeschlechtliche Objektwahl blockiert wird. Durch diese Gegebenheit entsteht beim Menschen eine erhöhte Störbarkeit der sexuellen Partnerschaftsfindung, denn mit Hilfe von Verdrängungsvorgängen kann es zu umfänglichen Triebbehinderungen kommen. Der biologische Sinn der ödipalen Phase besteht also in einer Art Vorlernprozeß, der im Dienst der Arterhaltung steht. Die Inzestschranke – vom Kind als Angst vor Strafe durch den gleichgeschlechtlichen Elternteil erlebt – ist ein entwicklungspsychologisch notwendiger Zensor, der eine übersteigerte erotische Fixierung an die Eltern verhindert.

Es liegt auf der Hand, daß diese Entwicklungsvorgänge, die sich im allgemeinen vollständig unbewußt zwischen Eltern und Kindern abspielen, tiefgreifend gestört werden, wenn man aus Unkenntnis dieser Zusammenhänge darangeht, das Inzesttabu zu lockern. Wir haben an einzelnen Fällen hinreichende Praxiserfahrungen darüber sammeln können, daß Kinder, die durch überhitzte erotische oder gar sexuelle Stimulation in der ödipalen Phase an ihren gegengeschlechtlichen Elternteil fixiert werden, meist bereits im Grundschulalter, spätestens aber in der Pubertät eine Fülle von schweren Verhaltensstörungen entwickeln. Und zwar besteht der Kern dieser Störungen in Gewissensängsten und Selbstbestrafungstendenzen, die zu einer Kette von Unfällen, Ohnmachtsanfällen und einer Fülle von psychosomatischen Erkrankungen, wie chronischem Erbrechen, Durchfällen und dergleichen, führen können. Es scheint, daß die Fixierung an das inadäquate Objekt Angst und damit „Fluchttendenzen" von der Gefahrenquelle hinweg mobilisiert.

Dazu ein Beispiel: Ein fünfzehnjähriger Junge klagt über die Schwierigkeit, daß ihm bei Tanzveranstaltungen regelmäßig schlecht werde, daß er Angst vor Polizisten habe und daß es ihm nicht gelänge, sich in der Schule zu konzentrieren. Es ergibt sich dann, daß die Mutter den Jungen nach dem Tode des Vaters – das Kind war damals vier Jahre alt – in eine Art Liebhaberrolle hineingedrängt hatte. Er schlief im Ehebett, hatte über Jahre mit der Mutter in einer Wanne gebadet und war dazu angehalten worden, die Mutter einzuseifen und abzufrottieren. Der Junge hatte eine starke Abneigung gegen alles Weibliche entwickelt und gestand mir, während eines gemeinsamen Zeltens mit einem Freund das Bedürfnis erlebt zu haben, ihn zärtlich zu berühren und zu streicheln, eine Phantasie, die ihn sexuell erregt habe. Das nun ist eine Erfahrung, die wir sehr generell in der Praxis haben machen können: Bei ambivalenten, überhitzten und dadurch oft auch gleichzeitig ablehnenden Einstellungen zu den Vorbildern kann es zu einer verwirrenden Unsicherheit in der eigenen Geschlechtsrolle kommen und damit später zu vielerlei Schwankungen homo- oder heterosexueller Partnerschaftssuche. Da der sexuelle Antrieb keine angemessene Ausrichtung auf ein gegengeschlechtliches Antriebsobjekt in der Kindheit erfuhr, gerät er von der Jugendzeit ab gewissermaßen ins Schleudern. Je nach Temperament und dem Zufall äußerer Begegnungen kann sich hier eine ganze Skala von Fehlverhaltensweisen zeigen. Es gibt Menschen, die wie Don Juan in eine Haltung des Suchens und Schweifens geraten – eben weil sie durch ihre Vorerlebnisse von der Angst vor einer zu engen Bindung getrieben wurden. Ihre Sexualität kann in Formen der Ersatzbefriedigung ausweichen, und damit kann es zur Manifestation von Perversionen aller Art kommen – oder die Sexualität wird so weitgehend verdrängt, daß nur noch die körperlichen Begleiterscheinungen der Angst als psychosomatische Erkrankungen sichtbar bleiben.

Aus Erfahrungen dieser Art läßt sich ablesen, daß wir Empfehlungen zur Sexualerziehung, die das Inzesttabu verringern wollen, unter gar keinen Umständen übernehmen dürfen; denn wir riskieren es auf diese Weise, abartige Sexualentwicklungen heraufzubeschwören, Störungen, die sicher dann die Lebenserfüllung einer noch viel größeren Zahl von Menschen in Frage stellen würden, als es unter einer einseitigen Prüderie des Erziehungsstils im vorigen Jahrhundert der Fall war.

Eine weitere Forderung besagt, daß Kinder im Schulalter in sexuellen Spielereien unterstützt werden sollten, um ihre Koitusfähigkeit sicher zu gewährleisten. Das ist eine sehr merkwürdige Vorstellung, die auf der Theorie fußt, daß Menschen und höhere Tiere so instinktreduziert seien, daß sie Sexualität nicht vollziehen können, ohne sie durch Einübung gelernt zu haben. Giese begründet seine Forderung nach sexueller Freizügigkeit in der Kindheit mit dem apodiktischen Satz: „Wir wissen, daß die Sexualität des Menschen eingeübt werden muß." Nun, daß dieses Argument nicht stichhaltig ist, geht eindeutig aus der Tatsache hervor, daß die Menschen es von jeher – meist sogar reichlich gut, ohne jede Aufklärung, ohne planmäßigen praktischen Sexualunterricht – geschafft haben, den Fortbestand ihrer Art zu sichern. Außerdem: je mehr die Verhaltensforschung zu differenzierten Forschungsergebnissen kam, um so mehr hat sich herausgestellt, daß die Theorie von der Instinktreduktion des Menschen – erstmals von Gehlen postuliert – sich als falsch erwies. Es hat sich herausgestellt, daß sich im Zuge der Evolution zwar die Lernfähigkeit und damit die Manipulier- und Suggerierbarkeit bei höher entwickelten Lebewesen erheblich gesteigert hat; aber sein instinktives Repertoir funktioniert dennoch beim gesunden Menschen nach angeborenen Auslösemechanismen, und zwar mit der gleichen Zielsicherheit wie bei den Tieren. Die Sexualität des Menschen ist davon nicht ausgeschlossen. Kentler und Giese begründen dieses ihr Argument, daß Sexualität zwischen kindlichen Altersgenossen geübt werden müsse, skurrilerweise mit einer Fehldeutung der Beobachtung des Affenforschers Harlow an Äffchen, die ohne Mutter aufwuchsen,

Rhesusaffen, die man nach ihrer Geburt von ihren Müttern trennt, entwickeln als Ersatz für das lebensnotwendige Bedürfnis, sich am Fell der Mutter anzuklammern, den Impuls, sich an ihren Leidensgenossen festzuhalten. Durch eine im Grunde vollständig unnatürliche Experimentiersituation – mehrere Affenbabys werden von der Affengemeinschaft getrennt und müssen in einem Käfig zusammenleben – kommt es dann zu dem Phänomen, daß sich ganze Ketten von ineinander verkrallten Affenkindern bilden. Obgleich dieses Verhalten mit Sexualität nicht das geringste zu tun hat, schließen Kentler und Giese, daß dieses von Harlow als Together-Together-Phänomen bezeichnete Verhalten es den Affen später ermögliche, als adulte Tiere normal zu koitieren. Hier werden Zusammenhänge willkürlich hergestellt, die jeder realen Verknüpfung entbehren, um sie pseudowissenschaftlich verknetet zum Scheinbeweis einer unhaltbaren Theorie benutzen zu können.

Wie Kentler sich die Übungen zur Sexualität vorstellt, gibt er in unmißverständlicher Weise an. Es soll nicht nur zu heterosexuellen Kohabitationsversuchen zwischen Kindern kommen, sondern auch zu Praktiken, die der – nach Kentler – „polymorph-perversen" Struktur der Sexualität von Heranwachsenden entsprächen. Er schreibt: „Soll das Elend der Sexualität nicht ständig durch Erziehung reproduziert werden, dann müssen Vorstellungen emanzipierter Sexualität entwickelt werden, die den üblichen Erscheinungsformen gesellschaftlich angepaßter und integrierter Sexualität entgegenstehen. Sie können beispielsweise orientiert sein am polymorph-perversen Spielcharakter der Sexualität . . . Die Aufgabe der sexualpädagogischen Praxis würde dann darin bestehen, solche Vorstellungen noch nicht verwirklichter Aspekte der Sexualität mit den konkreten Fähigkeiten und Möglichkeiten der Heranwachsenden zu vermitteln." Auf gut deutsch heißt das augenscheinlich, daß die in der Psychopathologie bekannten sexuellen Verhaltensweisen, die vom Koitus abweichen, den Jugendlichen praktisch beigebracht werden sollen. Unsere Emanzipierer würden – da solche Empfehlungen bei Laien auf gefühlsmäßigen Widerstand stoßen – wohl kaum mit einem solchen Programm erfolgreich operieren können, wenn sie den Wert, als Jugendliche Erfahrungen mit Perversionen gehabt zu haben, nicht gleichzeitig betonen und konservative Bedenken mit einseitigen Argumenten zu zerstreuen versuchen würden. Und das geschieht denn auch. So schreibt Giese: „Homosexualität spielt im Jugendalter ganz sicher eine große Rolle. Sie ist aber da nichts anderes als einer der Wege zu heterosexuellen Erfahrungen." Und Kentler: „Ähnlich wie die Selbstbefriedigung können im Jugendalter auch sexuelle Beziehungen zum eigenen Geschlecht als Einübung in ein Sexualleben aufgefaßt werden, das den Bedürfnissen nach gegenseitigem Verständnis, nach Sinnlichkeit und Zärtlichkeit gerecht wird." Hier wird eine Theorie aufgestellt und mit dem Anschein wissenschaftlicher Beweisbarkeit umgeben. Sie heißt: Homosexualität ist im Grunde angeboren und später nicht mehr beeinflußbar, nicht mehr reparabel. So bekundet Giese: Einen Homosexuellen „zum Heterosexuellen hinzuexerzieren, das ist dann so ungefähr, wie wenn man versucht, einem Sachsen den sächsischen Akzent abzukriegen, wegzukriegen ... obgleich er ganz sicher auf dem Totenbett noch sächsisch sprechen wird und nicht in dem, was man ihm erst beibringt." Deshalb hat es nach dieser Theorie keine negative Auswirkung auf ihr Schicksal, wenn Jugendliche zu homosexuellen Praktiken stimuliert werden. Denn wenn sie heterosexuell veranlagt sind – so meint man –, dann lassen sie das eines Tages und wenden sich dem anderen Geschlecht zu. Aus dieser Auffassung heraus setzte sich Giese für die Abschaffung des § 175 auch in bezug auf die Verführung Jugendlicher ein. Und aufgrund dieses statistischen Denkmodells konnte Kentler im Herbst 1969 in einer Fernsehsendung nachmittags gegen 17.00 Uhr auf die Frage einer Gesprächsteilnehmerin, die dem Sinn nach lautete: „Woran erkenne ich, daß mein Junge ein echter Homosexueller ist?" die Aussage machen: „Ich meine, es fängt doch so an: der Junge ist jetzt 13 Jahre alt. Er hat noch immer keine Freundin mit nach Hause gebracht. Er ist 16, noch immer keine Freundin kommt nach Hause, er ist 18. Und nun wird er 19 ... und nun meine ich, sollten die Eltern den Mut haben und mit ihrem Sohn darüber sprechen ... Denn selbstverständlich ist ja das auch ein Problem für diesen Jungen, daß er noch kein Mädchen hat, denn alle anderen *machen es ja mit Mädchen.*"(!) Ein Pädagoge, der das in die Augen und Ohren von Tausenden fernsehenden Jugendlichen zu sagen wagt, versteht gewiß nichts von den üblichen schwankenden Zweifeln der Jungen in diesem Alter, kennt nicht die alterstypische Not der Frage: „Wer bin ich? Bin ich überhaupt ein Mann?", kennt nicht das tastende Ringen um Selbstfindung, das zur Pubertätszeit gehört. Wieviel Erschrekken, wieviel vertiefte Unsicherheit mag wohl auf diese Weise bei manchem Jugendlichen ausgelöst worden sein?

Denn in der praktischen psychotherapeutischen Arbeit mit Jugendlichen läßt sich die Erfahrung machen, daß das sexuelle Schicksal eines Menschen keineswegs unabhängig ist von den Beeinflussungen, denen er im Jugendalter ausgesetzt ist. Im Gegenteil: Kaum ein anderer Antriebsbereich unterliegt in dieser Phase der Primärerlebnisse einer so komplizierten Skala von Störungsmöglichkeiten wie die Sexualität. Gerade die Kinder, die in der ödipalen Prägungsphase keine klare Zuordnung ihrer Strebungen auf gegengeschlechtliche Partner erfahren haben, gehen in bezug auf die sexuelle Objektprägung indifferent in die Pubertät. Werden sie jetzt mit dem Einsetzen des puberalen Triebschubs zu perversen Primärerlebnissen verführt, so können sie u. U. unwiderruflich an eine bestimmte ersatzbefriedigende Praktik fixiert bleiben, so daß ihr Schicksal eine lebenserschwerende Wendung erfährt.

Ein Beispiel soll diesen Sachverhalt veranschaulichen: Frau B. war die Tochter eines trunksüchtigen Gastwirtes, der sich um das Mädchen kaum gekümmert hatte, seine Frau geschlagen und die Familie mit schweren Jähzornsanfällen geängstigt hatte. Bereits als Vierjährige hatte Frau B. Angst vor allem, was „Mann" hieß. Sie hatte aber eine Großmutter, eine fast männlich starke Frau, die sie beschützte, zu der sie ins Bett kroch, wenn sie Angst hatte, die sie hinwegzog, wenn der Vater tobte. Als das Mädchen fünfzehn Jahre alt war, kam es als Haustochter zu einer einsam lebenden Farmersfrau nach England, die ihren Betrieb allein leitete. Diese Frau war lesbisch und verführte das Mädchen zu homosexuellen Praktiken. Obgleich Frau B. später heiratete und drei Kinder bekam, trennte sie sich wieder von ihrem Mann und ging eine Reihe von Liebesbeziehungen zu wesentlich älteren Frauen, gewissermaßen zu Großmuttertypen, ein. Friedvolles Glück wurde ihr aber auch in dieser Lebensform nicht zuteil. Hektische Unruhe und Phasen depressiver Verstimmtheit herrschten in der Gestimmtheit dieser Frau vor und kennzeichneten das dumpfe Unglücklichsein über ein nicht im Kern zur Erfüllung gelangtes Leben.

Heranwachsende mit perversen Praktiken vertraut zu machen, ist also im höchsten Maße fragwürdig, weil viele von ihnen durch negative Erfahrungen mit den Elternvorbildern ihrer Kindheit an der Grenze einer Fehlprägung stehen, so daß es durch das perverse Primärerlebnis zu einer Fixierung kommen kann und die Manifestation so zwangsläufig eine sexuelle Fehlhaltung heraufbeschwört.

Als letztes soll die Empfehlung unserer Emanzipierer, die Jugendlichen von der Geschlechtsreife ab zum intimen Umgang zu befreien, diskutiert werden. Zur Unterstützung dieser Theorie ziehen Giese und Kentler das Naturvolk der Muria heran, das südlich von Nagpur beheimatet ist, ein Naturvolk, das als besonders friedliebend bekannt ist. Giese und Kentler mutmaßen, daß diese Friedlichkeit darauf zurückzuführen ist, daß die Jugendlichen dieses Stammes in ihrem Gemeinschaftshaus, dem sogenannten Ghotul, angeblich vollständig freien Sexualverkehr ausüben können. Scheinlogische Verknüpfungen dieser Art sind aber im höchsten Maße willkürlich und ohne jede Relevanz. Solche Behauptungen sind nicht sicherer, als wenn wir einen Zusammenhang zwischen der Friedlichkeit der Muria und ihrer durch die Möglichkeit zur Seßhaftigkeit verbesserten Lage unter dem Regime der Engländer postulieren – oder, was gewiß entwicklungspsychologisch wahrscheinlicher ist, einen Zusammenhang zwischen der Friedlichkeit des Volkes und der langjährigen Bindung der Kleinkinder an die Mutter durch eine über zwei Jahre dauernde Stillzeit sehen. Darüber hinaus läßt sich weder durch Einzelschicksale noch durch Beispiele aus der Historie die Theorie stützen, daß viel ausgelebte Sexualität die Aggressivität einschränkt. Das oft ausschweifende Privatleben diktatorischer Gewaltherrscher zumindest bestätigt eine solche Kausalität nicht. Und die Praxiserfahrung lehrt, daß bei Männern, deren Aggressivität gestaut ist, durch die Entlastung des Geschlechtstriebes die Reizschwelle für aggressive Handlungen sich geradezu erniedrigt.

Der Geschlechtsverkehr im Jugendalter soll aber vor allem deshalb kollektiv sanktioniert werden, damit die Jugendlichen – nach Reich – „ein neues Realitätsprinzip antizipieren können, das den Kern des Lebensglücks darstellt, nämlich des sexuellen Glücks". Sie sollen – laut Kentler – „sich als lustsuchende Sexualwesen genießen lernen".

Wer wollte es seinen Kindern verwehren, glücklich zu werden? Aber die Frage scheint mir doch dringlich: Ist dies wirklich der richtige Weg zum Glück? Von zwei der markantesten und namhaftesten Postulierer dieses Glücks, der Vergottung sexueller Lust, von Reich und Giese, wissen wir zumindest posthum, unter wieviel schwerer Not sie selbst bis zu ihrem tragischen Tod standen. Darüber hinaus kann Giese uns belegen – als Resümee einer Befragung Jugendlicher –, daß deren Geschlechtsleben angstgetönt und lustlos ist. Nun, nach Meinung der Befreier ist klar, woran das liegt: Es ist die Folge des Unverständnisses der Erwachsenen, die Folge einer repressiven Sexualerziehung. Deshalb fordert denn auch Kentler, daß die Zimmer der Söhne und Töchter Zweibettzimmer zu sein hätten. Er schreibt:

„Die Erwachsenen gestehen den Heranwachsenden eigene Räume zu, in denen sie ihre sexuellen Beziehungen, die Befriedigung ihrer sexuellen Bedürfnisse selbstbestimmend gestalten können: Das könnte das Zimmer des Sohnes, der Tochter in der elterlichen Wohnung oder eine Wohngruppe von Jugendlichen oder eine Jugendtagungsstätte mit nach Belieben belegbaren Zweibettzimmern sein.

Nahezu uneingeschränkt können die Heranwachsenden sexuelle Erfahrungen machen, sowohl mit sich selbst wie mit anderen. Die einzige Einschränkung setzt das Luststreben der Partner und die Notwendigkeit der Empfängnisverhütung, gemäß den beiden Leitsätzen Comforts: ‚Du sollst die Gefühle eines Menschen nicht rücksichtslos ausnutzen und ihn mutwillig enttäuschenden Erfahrungen aussetzen' und ‚Du sollst unter keinen Umständen fahrlässig die Zeugung eines unerwünschten Kindes riskieren.'" Und weiter sagt Kentler: „Die Grundlage für die Formung der Sexualität ergibt sich aus der Ablösbarkeit der Lustempfindung vom Triebverhalten und der Akzentuierbarkeit des Genusses. Es gelten hier ähnliche Beziehungen, wie sie Storch für die menschliche Ernährung und die Eßkultur nachgewiesen hat: Ebenso wie die Geschmacksqualitäten von der Funktion der bloßen Nahrungsaufnahme freigesetzt und um ihrer selbst willen erstrebt und genossen werden können, woraus sich der Anreiz ergibt, die Geschmacksempfindungen zu bereichern und zu differenzieren, so kann auch die sexuelle Lust verselbständigt und Kultivierungsprozessen unterworfen werden. Dabei ist zu bedenken, daß fast alle Sinnesorgane im Dienst der Sexualität stehen, so daß ‚die gesamte Leiblichkeit dem Menschen als Organ dieses Lustgewinns zur Verfügung steht' (Schelsky, 1955, S. 14). Da die sexuellen Empfindungen darüber hinaus eng verknüpft werden können mit Phantasie, Denken, Geselligkeit, sind die seelischen, geistigen und sozialen Ausweitungsmöglichkeiten sexuellen Erlebens schier unbegrenzt. Dieses weite Feld der sexuellen Möglichkeit zu erschließen und die Fähigkeiten, es auszufüllen, zu vermitteln, ist die Aufgabe emanzipierter Sexualerziehung."

Wer mit diesem schönen Modell etwa nicht einverstanden sein sollte, der möge sich schämen und einer intensiven Selbstprüfung unterziehen; denn – so meint Kentler – er beweise damit, daß er „heimliche Ziele" habe, nämlich die Unterdrückung der Sexualität zur Erwirkung von Untertanengeist.

Aber trotz dieses Verdachtes wollen wir lautstark Bedenken anmelden. Diese setzen mitten in den neuen Sittenregeln, den einhellig anerkannten Geboten des Herrn Comfort an, und zwar bei dem Satz: „Du sollst die Gefühle eines Menschen nicht rücksichtslos ausnutzen und ihn mutwillig enttäuschenden Erfahrungen aussetzen." Können die Befreier zur Sexualität mit Sicherheit ausschließen, daß sie die Mädchen, denen sie regelmäßig nach der Menarche die Antibabypille in die Hand drücken, nicht eines Tages entsetzlichen Enttäuschungen aussetzen? Können sie ihnen garantieren, daß sie nach einem Jahrzehnt der Empfängnisverhütung wirklich erbgesunde Kinder bekommen können? Können sie zusichern, daß Liebes-, Lust- und schöpferische Leistungsfähigkeit unter jahrzehntelanger Hormonmanipulation nicht gestört werden und sich zu reifer Erwachsenheit entfalten? Können sie abschätzen, was mit der Seele und mit dem Geist der Frau geschieht, die sich über Jahrzehnte einem solchen fundamentalen Eingriff in ihren leiblichen und seelischen Zyklus unterwerfen läßt? Ein verantwortlicher Naturwissenschaftler, Prof. Butenandt, bis 1972 Leiter der Max-Planck-Gesellschaft, jedenfalls weiß das nicht. Er schreibt: „Ich glaube, daß die Anwendung der Hormone ein wichtiger, vielleicht entscheidender Weg ist. Aber in welchem Umfange man ihn beschreiten kann, sollte noch durch sorgfältige ärztliche Analyse sichergestellt werden. Die Schwierigkeit liegt darin, daß wir nicht ausschließen können, daß später Schäden auftreten, die man in den wenigen Monaten oder Jahren, die man überblickt, eben noch nicht hat erkennen können. Ich halte es nicht für unmöglich, daß man an Erbveränderungen denken muß. Wenn wir über längere Zeit verhindern, daß Eier im Eierstock der Frau heranreifen, dann bleiben ja diese Eier in einem Schlummerzustand im Eierstock. Sie altern, und es ist bekannt, daß allein durch Alterungsvorgänge in Keimzellen Veränderungen auftreten können. Es ist auch bekannt, daß Kinder, die in höherem Alter der Mutter geboren werden, häufiger zu Mißbildungen neigen als Kinder jüngerer Mütter. Das liegt wahrscheinlich daran, daß die befruchteten Eier älter sind. Ich will nicht sagen, daß es so sein muß. Ich möchte nur sagen, daß man diesen Aspekt beachten muß. Und wenn eine Frau über längere Zeit, über Jahre möglicherweise, vielleicht während der ganzen Zeit ihrer Fruchtbarkeit, solche Tabletten nimmt, muß man auch die Möglichkeit individueller Schäden ins Auge fassen. Wir überblicken noch keinen genügend langen Zeitraum, um sowohl das eine als das andere ausschließen zu können."

Wenig auch wissen unsere Befreier von den Wunschträumen der Mädchen – auch derer von 1971 – nach dem *einen* Mann, dem sie sich selbst, dem sie ihr Leben verschenken möchten. Wenig wissen sie, wie bitter die Enttäuschungen auch heute noch aussehen, wenn die Mädchen erkennen, daß die Männer es keineswegs „ernst"meinten und sie beiseite schieben wie eine ausgetrunkene Kaffeetasse. Wenig wissen sie davon, wie häufig die Promiskuität bei Mädchen nicht originär ist, sondern ihre Ursache hat in der Enttäuschung an der Unverbindlichkeit ihrer Partner, die die Gestimmtheit heraufbeschwört: „Nun ist ja sowieso alles egal." Ja, natürlich, man kann so vieles verdrängen – auch unsere Mädchen heute tun das in dieser Hinsicht bereits wacker. Man kann einen gewissen Trost für ein Zerbrechen der Wunschphantasien am enttäuschenden Primärerlebnis dadurch gewinnen, daß man schließlich doch up to date ist, daß man modisch richtig liegt, daß man es so macht, wie es kollektiv als „chic" gilt und wie es doch wohl alle machen. Das löst die innere Beunruhigung der jungen Mädchen, die ein freizügiges Geschlechtsleben führen, hingegen keineswegs auf, wie die in der Praxis erzählten Träume deutlich machen.

Sexualität ist ein tief in das leib-seelische Erleben der Frau eingreifendes Geschehen, und mit und ohne Verhütungsmittel ist der Gedanke an das unerwünschte Kind nicht so leicht aus den sexuellen Beziehungen der Mädchen hinwegzumogeln, wie unsere Propagierer der Verhütungsmittel für die Jugend dieser gern weismachen möchten. Nach einer Befragung von Giese hatten 45% junge Arbeiterinnen und 33% der Jungen post coitum Angst vor einer Schwangerschaft. Ängste solcher Art können Gleichgültigkeit, Arbeitsunlust, Betäubungssucht heraufbeschwören und zu Haltungen führen, die die Möglichkeit sinnvoller Lebenserfüllung in Frage stellen.

Nein, so einfach ist menschliches Glück nicht erringbar. Das ist es allein deshalb nicht, weil Lustgewinn, auch in bezug auf sexuelles Glück, kein eigentlich menschliches Lebensziel ist, eine Tatsache, die Mädchen meist sehr bald, wenn auch oft nur dumpf, empfinden. Es ist zwar richtig, daß sich „sexuelle Technik" durch Übung verfeinern läßt. Aber sexuelle Technik ist nicht gleich der Fähigkeit zu lieben! Im Gegenteil: Die Verfeinerung der sexuellen Technik zielt lediglich auf ein egozentrisches Ziel ab: Lust zu gewinnen. Sich gegenseitig mit Lust zu beschenken, mag ein wesentliches Teilziel der Liebe sein, kann es aber unmöglich vollständig ausmachen; wenn es nur auf Gewinn abzielt, kann auf diese Weise allein egozentrische Abkapselung des einzelnen nicht überwunden werden. Dazu muß man sich auf den Weg gemacht haben, sich miteinander (und füreinander verantwortlich) dem Leben und seinen Aufgaben zu verschenken. *Lustgewinn* ist auf diesem Weg nicht das *Ziel* – im Gegenteil: Die Verabsolutierung der Lust kann den Weg in die Liebe verstellen. Denn lieben zu lernen heißt, sich zu üben: in der Achtung voreinander, in der Fürsorge füreinander, in der Mühsal, sich zu verzeihen, in der Bereitschaft, für den anderen einzustehen. *Solche* Übungen erst vermitteln eine Bindung, die die Abgetrenntheit des einzelnen auflöst – und erst im Erleben solcher *Liebe* wird Sexualität zu einer Krönung dieses Bundes. Alle noch so verfeinerte Sexualität – abgelöst aus diesem Zusammenhang – läßt den nach Liebe hungernden Menschen leer und schal. Deshalb genügt es dem Liebesbedürfnis des Menschen niemals auf die Dauer, ,,nur" sexuelle Befriedigung zu erleben. Mißverständnisse dieser Art können Jugendlichen den Weg in die Liebe verstellen. Sie zu lernen, dafür ist die Gefühlstiefe, die sich in der Adoleszenz zeigt, ein wesentlicher Ansatzpunkt. Diese Reifezeit zu seelischer Gefühlsvertiefung zu nutzen kann eine Voraussetzung sein, um die Persönlichkeit zu voller Erlebnisfähigkeit zu entfalten. Bleibt diese Zeit dafür ungenutzt, so kann die seelisch-geistige Entwicklung unter Umständen blockiert werden.

Die sexuelle Manipulation der jungen Mädchen ist darüber hinaus aber auch fragwürdig, weil bei ihnen der viel zitierte Triebdruck der Jungen – 90% aller jugendlichen Männer onanieren – eindeutig keineswegs in einem gleichen Maße vorhanden ist. Nur 40% der Mädchen zwischen dem 15. und 18. Lebensjahr haben – laut Giese – ,,Masturbationserfahrung", onanieren aber keineswegs regelmäßig, sondern ,,mehr sporadisch". Zwar behauptet Kentler, daß das natürlich an der stärkeren und besser gelungenen Unterdrückung des weiblichen Geschlechts läge. Dem widerspricht aber die Tatsache, daß ein großer Teil der jugendlichen Mädchen sich – auch in ihren intimen Wunschphantasien und Träumen – noch gar keinen Geschlechtsverkehr mit einem Jungen wünscht, sondern mehr zu einer romantischen Form von Freundschaft tendiert.

Wenn wir diese psychischen Gegebenheiten der jungen Mädchen ins Auge fassen, muß klar werden, daß wir eine bedenkenlose sexuelle Freizügigkeit zwischen Jugendlichen gerade im Hinblick auf die durch unsere Befreier neuaufgestellte Sittenregel Comforts nicht tolerieren können. Sexualität im Jugendalter ohne eine verpflichtende Liebesbindung ist ein schädigender Eingriff in die sich noch entfaltende Gefühlswelt der Mädchen.

Zusammenfassend läßt sich sagen: Vorstellungen der eben dargestellten Art über Geschlechtserziehung ließen sich als unrealistisch abtun (denn weder ist eine kindliche Genitalbetätigung natürlich, noch wird der Mensch durch Geschlechtsverkehr klug, kritisch oder gar friedlich), wenn man nicht ganz deutlich den Eindruck gewinnen würde, daß hier echte Demagogie betrieben wird. Hier soll politisch verhetzt und gleichzeitig Anarchie gefördert werden.

Die Anweisungen von Herrn Kentler sind „moderne Dienstanweisungen für Unterteufel". Sie würden sich gut einfügen in das schon 1944 erschienene Buch von C. L. Lewis mit dem gleichen Titel. In diesem Buch werden mit scherzhaftem Tiefsinn Strategien zur Verderbnis des Menschen entwickelt. Da heißt es: „Die Methoden, den Geschlechtstrieb des Mannes zu neuem Verderben zu verwenden, sind nicht nur sehr erfogreich (für den Teufel), sondern auch höchst amüsant, und das dadurch bewirkte Elend ist von sehr dauerhafter und auserlesener Art."

Das Ziel der geschlechtlichen Erziehung kann also unmöglich darin bestehen, Kenntnisse und Praktiken über sexuelle Vorgänge zu erwerben. Eine solche, rein auf biologische und technische Information gerichtete Aufklärung kann – zum falschen Zeitpunkt und mit falschen Mitteln vorgenommen – durchaus tiefgreifend schaden, falsche Weichen stellen und die Persönlichkeitsentwicklung deformieren. Sie kann Sexualität blockieren, weil sie zur Unzeit stimuliert wurde. Das Ziel der geschlechtlichen Erziehung muß darin bestehen, daß der Mensch ein besseres Leibverständnis erwirbt und, ohne in eine gespannte Zwiespältigkeit zu seinem Leib zu verfallen, so aufwachsen kann, daß er am Ende der Jugendzeit seine Männlichkeit oder Weiblichkeit verantwortungsbewußt bejahen und tragen kann. Geschlechtserziehung ist ohne Vermittlung einer Sexualethik nicht nur fragwürdig, sondern des Menschen einfach unwürdig. Information über die Sexualität wäre unnötig, wenn sie lediglich zur Vermittlung sexueller Techniken führen sollte. Sexualität ist, wie bei den Tieren, ein Triebgeschehen, zu dessen Funktionieren es absolut keiner Aufklärung bedarf. Die Sonderrolle des Menschen besteht vielmehr darin, daß er nicht Triebwesen *allein* ist, sondern darüber hinaus auch Geistwesen und daß ihm die schwere Aufgabe zufällt, seine Leiblichkeit mit seiner Geistigkeit zu verbinden. Wir wissen heute, achtzig Jahre nach den Entdeckungen Freuds, daß nicht nur die Verleugnung der *Sexualität,* sondern auch die Verleugnung dieser „Geistträgerschaft" des Menschen *zugunsten* der Sexualität den Menschen seelisch krank machen kann. Geschlechtserziehung heißt, die Leiblichkeit und Geistigkeit des Menschen nicht wie zwei feindliche Brüder behandeln zu lernen, sondern die ursprüngliche Harmonie zwischen Natur und Geist herzustellen und ihnen zu einer gesunden Einheit im Menschen zu verhelfen. Daß es in den ersten Lebensjahren dabei zunächst dringend erforderlich ist, der natürlichen Neugier des Kindes zu einer Entspannung zu verhelfen, hat lediglich den Sinn, zu verhindern, daß der sexuelle Antrieb verfrüht durch die exzentrische Tabuierung dieses Bereiches in ein übersteigertes Suchverhalten gerät, da das eine harmonische Gesamtentwicklung stört und behindert. Wichtiger als alle Belehrungen ist das Verhalten der Erzieher. Kinder können um so gesünder in ihr Weib- oder Mannsein hineinwachsen, je mehr sie Vorbilder haben, die mit überlegener Gelassenheit *reife* Erwachsene sind. Jede übertriebene Betonung, Zur-Schau-Stellung und thematische Fixierung an Gesprächsinhalte mit sexuellen Nuancierungen kennzeichnen gerade *nicht* den reifen Erwachsenen, sondern deuten auf sexuellen Infantilismus hin. Kindern, die in einer solchen sexualisierten Elternhausatmosphäre aufwachsen müssen, gelingt eine Harmonisierung später schwerer! Manche werden mit negativen Valenzen gegen Sexuelles überflutet – andere zu suchtartigen Abartigkeiten stimuliert, die ein ganzes Leben färben und vergiften können.

Es ist dringend an der Zeit, sich zur Wehr zu setzen gegen eine brutale Manipulation der Kinder durch Praktiken, die ihnen nicht angemessen sind, sich zu wehren dagegen, daß laienhaft emanzipierende Methoden Eingang finden in die Kindergarten- und Schulpädagogik.

Es liegt genug Erfahrungswissen vor, das es uns als Erzieher möglich macht, Kinder behutsam so zu leiten, daß sie weder prüde leibfeindlich noch sexuell abartig werden, sondern in der Beachtung dessen, was für sie in den einzelnen Reifestufen angemessen ist, ihnen den Weg in ein gesundes, reifes und glückliches Erwachsenensein zu ermöglichen.

ZITATENNACHWEIS

Comfort, A.: Der aufgeklärte Eros, Szczesny Verlag, München 1964.
Giese, H.: Liebe, Jugend, Sexualität, in: Sexualität ohne Tabu und christliche Moral, Chr. Kaiser Verlag München und M.-Grünewald-Verlag Mainz 1970.
Kentler, H.: Sexualerziehung, Rowohlt Verlag Hamburg 1970.
Kinsey, A. C., W. Pomeroy und C. E. Martin: Das sexuelle Verhalten des Mannes, Fischer Verlag, Berlin und Frankfurt a. M. 1955.
Kinsey, A. C., W. Pomeroy, C. E. Martin und P. H. Gebhardt: Das sexuelle Verhalten der Frau, Fischer Verlag, Berlin und Frankfurt a. M. 1966.
Kommune 2: Versuch der Revolutionierung des bürgerlichen Individuums. Berlin 1969.
Reich, W.: The Sexual Revolution, Orgone Institute Press, New York 1945.
Zwei Zitate von H. Kentler und H. Giese sind einem Fernsehgespräch im Westdeutschen Rundfunk 1969: „Eltern homosexueller Kinder fragen um Rat", entnommen.

Abgeschaffte Schuld?

„Wie gut, daß unsere junge Generation heute die Schuld abgeschafft hat", sagte neulich eine ältere Dame auf einer Gesellschaft und griff genüßlich nach einem Sahnetörtchen.

Ja, wie gut können wir heute in der Tat fröhlich genießen; aber ist damit das Phänomen der Schuld wirklich nicht mehr existent? Was ist das – die Schuld? Ist sie allein ein Übel, das den Menschen durch einengende Erziehungsformen aufgenötigt wurde? Oder gibt es vielleicht doch eine sinnvolle Funktion des Schuldgefühls in unserem Leben? Diese Frage soll uns anhand von Erfahrungen aus der psychagogischen Praxis beschäftigen.

Bei der Behandlung seelisch kranker Menschen wird man häufig mit dem Tatbestand konfrontiert, daß viele von ihnen unter schweren Schuldgefühlen leiden. Oft ist das zunächst gar nicht klar erkennbar. Die Menschen suchen Behandlung wegen irgendwelcher Beschwerden, wegen Migräne, Herzjagen, Schlaflosigkeit – oder auch wegen merkwürdig unsinnig erscheinenden und die Patienten selbst quälenden Handlungen: sich dauernd die Hände waschen zu müssen, dauernd etwas zuschließen, etwas ordnen zu müssen, zu zählen oder bestimmte Worte immer wiederholen zu müssen. Und erst wenn man sich über einen längernen Zeitraum (stundenweise) mit solchen Kranken beschäftigt hat, zeigt es sich, daß diese Handlungen durchaus nicht so unsinnig sind. In den meisten Fällen leiden solche Patienten unter immer wieder aufwallender Angst, der Angst, daß bestimmte Gedanken – in ihrer Vorstellung schreckliche, böse, sündhafte Gedanken –, Phantasien in ihnen aufsteigen könnten, und sie versuchen daher diese – ohne sich dessen bewußt zu sein – mit Hilfe ablenkender Handlungen und Verhaltensweisen abzuwehren und zu entschärfen. In den meisten Fällen treten auf diese Weise die ängstigenden Vorstellungen überhaupt nicht ins Bewußtsein. Sie werden immer wieder unterdrückt, verdrängt, wie wir in der Fachsprache sagen. Aber Unterdrückung – das ist ein sehr allgemeines physikalisches und eben auch psychisches Gesetz – pflegt nicht zur Abschwächung, sondern zur Verstärkung des Unterdrückten zu führen, ja das Zum-Bewußtsein-Drängen dieser Inhalte verstärkt sich zunehmend. Das hat zur Folge, daß solche Menschen gelegentlich vollständig von ihren Abwehrhandlungen in Anspruch genommen werden können. Sie haben praktisch keine Zeit mehr für andere Betätigungsweisen, sie sind – um im Bilde zu sprechen – pausenlos damit beschäftigt, ihren Deich abzudichten, um das Einbrechen der immer mehr steigenden Flut zu verhindern. Solche verdrängten Gedanken oder Taten enthalten meist Triebwünsche, z. B. mit aggressiven oder sexuellen Inhalten – sie beziehen sich allemal auf Handlungen, die vom Gewissen des Patienten als böse, als verboten, als sündhaft empfunden werden. Sind sie innerhalb einer psychotherapeutischen Behandlung erst einmal aufgedeckt und dem Patienten zum Bewußtsein gebracht, so entsteht gleichzeitig mit erschüttertem Entsetzen über sich selbst ein Gefühl untilgbarer Schuld, von drückender Sündenlast. Ein Beispiel soll das verdeutlichen:

Einer jungen Studentin wird von den Prüfern ihrer Hochschule dringend empfohlen, sich einer psychotherapeutischen Behandlung zu unterziehen. Das Mädchen hatte eine schwere Arbeitsstörung entwickelt, konnte sich nicht konzentrieren, saß – stundenlang an ihrer Kopfhaut Schuppen suchend –, ohne zu lernen, über ihren Büchern, und wenn ein Prüfungstermin nahte, waren ihr zudem in letzter Zeit immer wieder merkwürdige Unfälle passiert: Sie fiel eine ihr sehr gewohnte und vertraute Treppe hinunter und brach sich ein Bein. Aus einem Bücherschrank fiel ihr ein ganzer Stapel Lexika auf die Hand, was zu einem Bruch des Mittelhandknochens führte. Ja beim letzten Termin war sie sogar vor eine anfahrende Straßenbahn gefallen und mit erheblichen Verletzungen ins Krankenhaus eingeliefert worden. Man könnte nun meinen: Unbewußt habe das Mädchen diese Unfälle „arrangiert", wie wir mit einem Fachausdruck sagen, um sich um die Prüfung, auf die es ohnehin unzureichend vorbereitet war, zu drücken – und dennoch ergab der Behandlungsverlauf, daß dieses Motiv allein nicht ausreichte, um das Verhalten des Mädchens zu erklären. Im Laufe der Behandlung zeigte sich hingegen immer deutlicher, daß es sich im Grunde nicht würdig genug fühlte, den Beruf, zu dem sie mit Hilfe des Examens Zugang bekommen würde, zu erringen. Im Gegenteil: Sie hatte nach den durch die Unfälle immer wieder versäumten Terminen das Gefühl: „Das ist die Strafe, eine eigentlich immer noch viel zu geringe Strafe." Strafe wofür? Das wußte sie nicht. Aber ihre Gedanken und Träume kreisten mehr und mehr um ihren Bruder. Sie erzählte zunächst viel von seinen wunderbaren Gaben, den engelhaften Charaktereigenschaften, von seinem tragischen Tod durch einen Verkehrsunfall im Alter von neun Jahren. Sie erzählte vom nie erloschenen Schmerz der Eltern und davon, daß der Vater zu Beginn ihres Studiums gesagt habe: „Was würde mein Junge nicht alles angefangen haben mit diesem für seine Ausbildung bereitgestellten Geld. Was hätte er werden können! Ihr Mädchen heiratet ja doch nur." Aber erst nach Wochen kam anhand eines Traumes, in dem sie ihren Bruder im Sarg liegen sah, unter zitternder Erregung zutage, daß sie diesen geliebten Bruder als Kind furchtbar gehaßt, daß sie in seinem Schatten gestanden und sich von den Eltern weniger geliebt gefühlt hatte, ja daß sie ihm oft und oft, wenn sie auf ihn wütend war, den Tod gewünscht hatte. Einmal hatte sie ihm sogar eine Locke abgeschnitten, war damit ins Kinderzimmer gegangen und hatte sie mit dem Trecker des Bruders immer wieder überfahren. „Tot, tot, tot!" hatte sie dazu beschwörend gemurmelt. Wenige Wochen später geschah dann das Unglück. Das Mädchen war damals fünf Jahre alt, und die Mutter berichtete mir, daß es nach der Nachricht in einen ohnmachtähnlichen Tiefschlaf gefallen sei, der sich am Tage der Beerdigung des Bruders wiederholt habe. Das Kind hatte auf das Unglück mit einem psychischen

Schock reagiert, der wie eine Art Totstellreflex als Tiefschlaf zum Ausdruck gekommen war. Damit war der Verdrängungsvorgang eingeleitet, der den Haß und das Schuldgefühl gegen den Bruder ins Unbewußte abdrängte, dennoch dort aber so mächtig wurde, daß daraus eine Arbeitsstörung und aus dem unterschwelligen Bedürfnis nach Strafe, nach Sühne um Haaresbreite abermals ein tödlicher Unfall entstanden wäre.

Was für Vorgänge in der Psychotherapie sind es nun, die hier Erlösung bringen können? Viel ist bereits damit getan, daß die Zusammenhänge erkannt und durchschaut werden. Denn eine solche Erkenntnis macht es ja dem Leidenden erstmals möglich, sich selbst, seine Angst und befremdlichen Handlungen zu verstehen. Freilich ist der Weg dahin oft mühsam, und man muß als Therapeut mit seinem Patienten immer wieder darum ringen, *gegen* die Angst den *Mut* zur Wahrhaftigkeit zu gewinnen, gegen den Sog nach dumpfer Selbstbestrafung und Selbstverwerfung den Weg zu wagen in die Helle des Bewußtseins, des Erkennens und bewußten Eingestehens seiner Schuld.

Es hieße aber nun, sich die Sache in einer oberflächlichen Weise zu leicht zu machen, wenn man an dieser Stelle, an der die Selbsterkenntnis so weit gediehen ist, dem Patienten erklärte: „Schau, das war nur ein Schuldkomplex, in Wirklichkeit war es ja nicht dein Wunsch, der den Bruder sterben ließ – es war nur ein schrecklich trauriger Zufall; und da du damals noch zu jung warst und noch daran glaubtest, daß man durch Zaubern etwas erreichen könnte auf dieser Welt, hast du dir eine Schuld eingebildet. Aber du bist in Wirklichkeit ganz unschuldig." Verfährt ein Therapeut so, dann wird er in den allermeisten Fällen die Erfahrung machen, daß nach einer vorübergehenden Entlastung das Schuldgefühl sich dennoch erneuert, die Angst wieder auftritt und der Patient im Wiederholungszwang abermals unbewußt Sühnehandlungen, Selbstbestrafungen herbeiführt.

Das Gefühl von Schuld ist in solchen Fällen mächtiger und wirksamer als die Entlastung durch das Wissen, daß objektiv keine strafbare Handlung stattgefunden hat, sondern daß ein kleines, unmündiges Kind sich irrte. Wohl ist es also nötig, daß ein Mensch diese seine verdrängten Wünsche erkennt – aber mit einem oberflächlichen Ent-schuldigen, mit einem Zuschieben der Schuld auf die lieblosen Eltern, die bedauernswerten oder repressiven Umstände, die grausame Gesellschaft ist es nicht getan.

Deshalb heilt das Fortretouschieren der Schuld den Menschen meist nicht. Wichtiger ist es für den Heil-Suchenden, mit der Aufdeckung seiner Gewissensnot zu erkennen: Ja, siehst du, so sind wir Menschen. Wir lieben nicht nur in unseren Gedanken – wir hassen auch. Wir schenken nicht nur in unseren Gedanken – wir stehlen auch. Wir wollen dem anderen nicht nur dienen, um ihn glücklich zu machen, wir wollen uns auch seiner bemächtigen, um *uns* zufriedenzustellen. Ja, ein Teil von uns will den anderen ausschalten und sich selbst die Krone aufsetzen, will überhaupt nichts anderes als sich, sich und noch einmal sich selbst. Sind wir deswegen böse? Unser Gewissen sagt „ja!" – unmißverständlich. Wir können die „Stimme des Gewissens" überhören, wenn der Drang zu solchen Handlungen sie übertönt hat, wir können uns auch die Ohren zuhalten – symbolisch meine ich –, indem wir „böses" Wünschen oder Handeln verdrängen oder bemänteln – aber *da* ist diese Stimme doch. Ja, sie kann wie eine strenge Gerichtsmacht sein, wie die Polizei eines diktatorischen Staates, und dem Menschen das Leben vollständig vergällen. Wir sollten unser Gewissen nicht unterschätzen – aber auch nicht überschätzen. Wir sollten im Grunde froh sein, daß es das Gewissen gibt, denn es ist ein Zeichen dafür, daß wir in uns eine Warnanlage haben, die uns als Wegweiser dienen kann, wenn wir erst einmal gelernt haben, sie zu beachten. Unser Gewissen ist das in uns eingebaute Regulativ, das uns auf unserem Lebensgang helfen kann, Entscheidungen zu fällen, die uns weiterführen.

Wenn wir aber unser Gewissen mit Gott gleichsetzen, es an seine Stelle setzen, vergötzen wir einen Teil der Schöpfung – nicht anders und genau so irrend, als wenn wir der Sexualität, dem Geld oder unserem Eßtrieb die Krone aufsetzen. Wer das Gewissen vergötzt, macht Gott zu einem Diktator und die Welt zu einem Polizeistaat. Wer dem Gewissen allein die Herrschaft überläßt, wird ein Mensch, der vor lauter Angst kaum zu handeln wagt, der schließlich sogar in ein Konzentrationslager peinigender Seelenpolizisten geraten kann, d. h.: Wer sich unterwürfig darum bemüht, keinerlei Fehler zu machen, absolut unschuldig, rein, vollkommen sein will, der wird schlimmerweise krank, weil er diesen Anspruch nicht durchhalten kann. Er wird überkorrekt, übergewissenhaft, dadurch aber langsam, skrupelhaft, ja schließlich kaum noch handlungsfähig. Das Leben entgleitet ihm, weil er es vermeidet. Aber wenn man das Leben meidet, kann man es nicht bestehen. Und deshalb geschieht hier ein tragischer Teufelskreis: Wer aus Gewissensangst nicht in die Welt geht, bekommt immer mehr Gewissensangst, eben weil auf dieses Vermeiden das Gewissen *auch* warnend reagiert.

Unser Gewissen ist also ein Helfer in unserem Leben – nicht mehr und nicht weniger. Es warnt uns vor Fallen, instinktiv, ja geradezu automatisch, und zwar vor den Fallen, die unseren Lebensweg, die Erfüllung unserer Lebensaufgaben behindern und in Frage stellen können. Solche Fallen können jegliche Art von Übertreibungen sein, vor allem von Unmäßigkeiten, ja Vergötzungen von drängenden Triebbedürfnissen – der Steigerung des notwendigen Trinkbedürfnisses zum schädigenden Alkoholmißbrauch, des Eßbedürfnisses zur Völlerei, des Schlafbedürfnisses zur murmeltierhaften Dauerträgheit, des Besitzstrebens zum Geiz, des Leistungsstrebens zu Neid und feindseliger Machtgier, der Selbstliebe zu Stolz und Hochmut, der Sexualität zu ihrem Mißbrauch in der übersteigerten Selbst- oder Ersatzbefriedigung, der Promiskuität oder der Perversion, der Verabsolutierung und Technisierung usw.

Aber – wie gesagt – Gewissensangst bekommt auch der, der alle diese Lebenskräfte ganz drosseln will, weil er irrtümlicherweise meint, sie seien böse, der seelisch Kranke, der krampfhaft versucht, nicht zu essen, nicht zu schlafen, nicht zu besitzen, sich nicht zu verteidigen, nicht um seinen Lebensplatz zu kämpfen, und der versucht, Sexualität zu verleugnen. Auch solche Menschen sind tief unglücklich und oft so voller Angst, daß sie in die tiefste Vereinsamung geraten.

Das Gewissen ist der Wächter, der dafür sorgt, daß nicht

mehr Triebenergie zufließt, als nötig ist, der wie eine Ölheizung die Energiezufuhr so reguliert, daß unser Seelenhaus lediglich erwärmt wird, anstatt durch ein Übermaß an Heizöl zu explodieren oder durch ein zu geringes Maß zu erkalten.

Das „Böse", das in unseren Gedanken auftaucht und danach drängt, in Handlungen verwandelt zu werden, ist nicht ursprünglich böse, es gehört zu unserer Natur, ohne die wir nicht leben können, ja ohne die wir uns nicht entwickeln können, die wir gut dosiert brauchen wie eine Heizung das Öl. An der seelischen Entwicklung des Menschen im Kindesalter läßt sich dieser Gedankengang ablesen und beweisen:

Im Grunde geht jeder Mensch in seiner Kindheit noch einmal durch die Pforte des Paradieses – wie es in der Genesis in der Geschichte von Adam und Eva beschrieben wird – hinaus in die rauhe, dornenreiche Wirklichkeit, in die Einsamkeit der Gottferne und der Verlassenheit. Und zwar beginnt dieser Schritt mit großer Zwangsläufigkeit, ja Notwendigkeit an der Stelle, an der das Kind sich energisch und trotzig den Geboten und Verboten seiner Eltern widersetzt und ungehorsam seinen Willen an die Stelle ihres Willens setzt. Es trennt sich so in einer für es selbst schmerzhaften Weise seelisch von den Eltern, erlebt sich, oft auch gerade mit Hilfe der dann einsetzenden elterlichen Strafe, als abgetrennt, als verlassen, als „draußen vor der Tür". Das Erleben solchen Ausgetriebenenseins ist aber nötig für die Entwicklung eines Menschen. Fehlt es, z. B. in den Fällen, in denen die Mutter durch Verwöhnung die Selbständigkeit und den Trotz des Kindes verhindert, dann bleibt so ein Kind in seiner Entwicklung stecken, es bleibt unselbständig und infantil am Schürzenband der Mutter hängen, bekommt Angst vor der Welt und wird lebensfremd. Darüber hinaus verkümmern in solchen Kindern regelmäßig ihre wagemutig schöpferischen Fähigkeiten. Das Erringen der geistigen, ja oft sogar der materiellen Selbständigkeit und Unabhängigkeit bleibt oft lebenslänglich aus, macht den Menschen dadurch unglücklich in dem berechtigten Gefühl, seinem Lebensauftrag nicht gerecht geworden zu sein, seine Gaben und Fähigkeiten nicht voll entfaltet und zur Verwirklichung gebracht zu haben. Das Schuldgefühl, das das Kind entwickelt, weil es sich durch seine Gebotsübertretung von den Eltern trennt, resultiert aus tragischer, unabwendbarer Schuld, denn im Paradies seiner passiven Geborgenheit und Unmündigkeit, im elterlichen Paradies, sollte und durfte es nicht bleiben.

Dennoch ist die Trennung, die innere, seelische Loslösung ein Tatbestand. Ein „Sund" entsteht – unabwendbar und ist nicht mehr rückgängig zu machen: die Sünde des „Ich will nicht so wie du, ich will allein, ich will anders, ja ich will besser als du Neues schaffen und gestalten!" Dieser Impuls wird drängend, ja überflutend in jedem Kind innerhalb seiner Entwicklung sichtbar – und hätte es mit der Austreibung aus dem Paradies, mit der Gebotsübertretung nicht sein Schuldgefühl, sein „schlechtes" Gewissen eingepflanzt bekommen – es würde rettungslos und hoffnungslos an seiner Selbstherrlichkeit zugrunde gehen.

Wo das Schuldgefühl überhört wird, geschieht das in der Tat ja auch heute noch immer wieder: der Mensch ermordet seinen Bruder aus Neid und aus Machtgier, er erlistet sich das Erstgeburtsrecht, er verrät, stiehlt und betrügt, um allein genug Macht, genug Freiheit, genug Gestaltungsraum um sich herum zu haben. Der „kleine Gott der Welt" würde in seinem Drang, sich an die Stelle des Herrn zu setzen, machtgierigsten Zerstörungslüsten anheimfallen, wenn ihn seine Schulderfahrung nicht als hindernde Fessel davon abhalten würde.

Das Schuldgefühl entfaltet sich nicht nur situationsgerecht innerhalb der Ontogenese – es ist auch berechtigt. Schlimm wird die Sache erst, wenn wir von unserem Schuldgefühl davonlaufen, wenn wir Vogel-Strauß-Politik betreiben und unsere Gedanken oder Handlungen verleugnen. Wer so handelt – und die Genesis macht uns das ja sehr schön deutlich in dem Bild, wo Adam sich versteckt, als Gott ihn ruft: Adam, wo bist Du? –, wer also aus Angst vor dem Bekenntnis zu seiner Schuld so tut, als bestünde sie nicht, der wird unerbittlich unter das Gesetz der Strafe gestellt. Wenn aber dieser Schritt in die Demut einmal gewagt ist, finden sich erfahrungsgemäß offene Herzen in Fülle, und Hilfe strömt auf den Bedürftigen von vielen Seiten. Der hochmütige Schuldverleugner aber, der die anderen fordernd anklagt, wird keine Hilfe bei ihnen finden können, weil sie den Fordernden als gefährlich empfinden und sich aus Angst vor ihm verschließen.

Das Erkennen dieser Zusammenhänge ist der erste Schritt zur Heilung. Er liegt im Verstehen und Annehmen unserer Natur, unserer egoistischen, machtgierigen Strebungen, die wir zwar brauchen, um vorwärtszukommen, die wir aber dosieren müssen, wenn es uns nicht schlecht gehen soll, wenn wir nicht in die Finsternis völliger Verlassenheit und Abgetrenntheit fallen wollen.

In einer psychagogischen Betreuung tritt in dem Augenblick dieser Erkenntnis oft eine große Ratlosigkeit auf, das direkte Erfassen der großen, dämonischen Gefahren unserer eigenen Natur läßt den Patienten zu der Erkenntnis seiner fundamentalen Hilfsbedürftigkeit, seiner Schwäche, seines Unvermögens kommen. Hier nun ist der entscheidende Punkt, an dem Heilung einsetzen kann, und zwar in der Erfahrung der Verläßlichkeit jenes Menschen, mit dem gemeinsam der Patient den Weg in die Erhellung seines Bewußtseins gewagt hatte.

Erfährt der Patient durch die Haltung des Therapeuten, daß dieser ein Gefährte ist, einer, der ihn und sich selbst bejaht, so wie er ist in seiner Schwäche, in seinem Unvermögen, unschuldig zu bleiben; erfährt der Patient in solchen Stunden den Therapeuten als einen, der ihn und sich aushält, so erfährt er auf diese Weise den Geist jener Liebe, der allein in der Lage ist, Erlösung von Schuld zu erwirken.

Dieser Geist bewirkt, daß der eine die Schuld des anderen zu seiner eigenen macht und sie annimmt. Auf diese Weise kann nämlich – bewußt oder unbewußt – Vergebung geschehen und damit Erlösung, Entlastung von Schuld durch den lebendig wirkenden christlichen Geist.

Die lebensnotwendige Schuld des Abgetrenntseins kann auf diese Weise überwunden werden. Indem der Mensch den Geist der Liebe an sich bewußt und dankbar erlebt, kann er in einer neuen und lebendigen Weise Frieden finden, nämlich indem er es in Zukunft leisten kann, sein Leben selbst in den Geist der Liebe zu stellen. Von diesem Punkt seiner Entwicklung an erst kann er bewußt Entscheidungen fällen, die in Einklang stehen mit seinem Werdegang. Er kann sich dem Geist Gottes unterstellen und nach Kräften und Fähigkeiten daran mitwirken, die Liebe in der Welt zu mehren. Im Geist der Liebe wird Entscheidung zum Guten nicht mehr schwer. Die Überforderung des Menschen, gegen das wildschäumende Pferd seiner Natur mit scharfem Zügel den Meister zu spielen, hört auf. Die Triebe werden nicht mehr durch das Schuldgefühl in Schranken gehalten, sondern durch den mächtig übertönenden Drang, seinen Mitmenschen und sich selbst nicht zu schaden, sondern ihnen und sich Bruder, Gefährte zu sein. Und die Erfahrung der hellen Freude, der tieferen Erfüllung in solchem Handeln entschärft den Konflikt des Menschen, ja macht selbst die Triebnatur zu einem willigen, sehr tragfähigen Reitpferd menschlicher Lebensziele. Man gerät aber auch nicht mehr unter die Fuchtel eines zu strengen Gewissens, das – wie es in jeder Kultur der Fall ist – sogar mit Sittenregeln verfremdet ist, die uns im Grunde wesensfremd sein können. Im Geist der Liebe finden wir einen absoluten und damit besseren Maßstab als in der sklavischen, unreflektierten Anpassung an die Sittenregeln des Kollektivs. Zwar machen wir nach eigener Prüfung häufig die Erfahrung, daß hier schützend und zweckvoll reguliert wird – aber wir erringen im Geist der Liebe doch eine neue, sehr individuelle Entscheidungsfreiheit.

Wir werden frei von solchen inneren oder äußeren Regulationsmechanismen, weil die Angst vor dem Gericht und der Strafe (gleich ob es sich nun um die Macht innerer oder äußerer Instanzen handelt) durch eine positive Erfahrung und damit durch die Notwendigkeit zu lieben entmachtet ist. Erst wenn der Mensch im Erleben, im Erkennen und Annehmen seiner Schuld seine Hilfsbedürftigkeit und die *Möglichkeit* zur Hilfe erfahren hat, erst dann ist er eigentlich in der Lage, ganz Mensch, und das heißt: ein Liebender zu werden. An dieser Stelle wird er eigentlich erst zu einer sittlichen Person, zu einem Wesen, das in einem absoluten Sinn gut oder böse handeln kann. Denn nur ein Mensch, der „Heilwerden" dieser Art erfahren hat, verfügt über bewußte, sittliche Entscheidungsfähigkeit im eigentlichen Sinne.

Der aber, der durch so ein Erleben gegangen ist und der dennoch – wie Judas – verrät, quält, mordet, erst der ist ein endgültig Verlorener. Aber weil das immer höchstens einer von Zwölfen ist, gibt es in Wirklichkeit sehr viel weniger unrettbar böse Menschen, als wir immer meinen. Daß wir das so oft meinen, liegt hingegen daran, daß es viele Menschen mit verschlossenen Herzen gibt. Menschen, die gewissermaßen „keine Augen haben zu sehen, keine Ohren zu hören", die nicht offen sind für die Erfahrung der Liebe und sie infolgedessen als die große wandelnde Macht, als den Schmelztiegel zur Sittlichkeit nicht erleben. Das nun wiederum ist bei diesen Menschen häufig nicht eine Sache ihrer Unvernunft oder ihres Nichtwollens, sondern die eines tragischen Unvermögens.

Die Tiefenpsychologie kann an vielen Vorgeschichten von Straftätern nachweisen, daß sie Liebe schon in ihrer frühen Kindheit nicht erfahren haben, nicht das Opfer, die Zuwendung, die unermüdliche Bereitschaft einer Mutter für ihren hilflosen Säugling. Hier ist die erste und fundamentalste Gefahr, daß Offenheit sich zu Verschlossenheit verhärtet, einer Verschlossenheit, die sich einigelt, die aus Angst angreift und sich rächt, eine seelische Haltung, in der die regulierende Gewissensinstanz und das Schuldgefühl nicht wachsen können. Denn Menschen, die nie geliebt worden sind, die die Geborgenheit des Paradieses nicht erlebt haben, bekommen *kein* schlechtes Gewissen, wenn sie sich von ihren lieblosen Versorgern absetzen. Im Gegenteil: Eine Stimme in ihnen sagt dann: „Recht so, Räuberhauptmann, zeig's den dreckigen Spießern!" Diese Haltung des heldischen Renegaten ist kennzeichnend für den räuberisch-gewalttätigen Kriminellen und zeigt an, daß in früher Kindheit bereits das Gewissen pervertiert und entstellt worden ist. Das Schlimme ist nun aber bei solcher Gefühlslage: daß auch das Angebot von Liebe an solcher Verhärtung abprallt. Diese Menschen sind in einer fundamentalen Weise Ungläubige. Aus tief ins Unbewußte eingestanzten, eingeprägten Erfahrungen halten sie jede Zuwendung für eitel Schein, für nichtig, für einen Tropfen auf den heißen Stein ihrer ungeheuren Resignation. Deshalb reagieren sie auf solche Angebote mit Mißtrauen, mit Angst, mit Hohn und Spott, mit Aggression und hinterhältigen Fallen. Und wenn sie den sich um die Liebe des anderen Mühenden schwach werden sehen in seiner Haltung, wenn sie endlich erleben, daß er wütend wird und sich von ihm abwendet, dann fühlen sie sich geradezu bestätigt. Mit „Hohngelächter der Hölle", mit teuflischem Händereiben quittieren sie die Niederlage des Helfers. Das ist die außerordentlich schwere Situation in allen sozialen Berufen, die sich mit seelisch Gestörten befassen. Denn hier scheint es oft so, als wenn in einem Ringen zwischen Menschen die Mächte des Bösen mit aller Gewalt gegen die Mächte des Guten kämpfen; und da das Böse scheinbar so übermächtig ist – so wie die dunklen Farben vor den hellen –, ist es immer ein fatal ungleicher, ein den Menschen oft hoffnungslos überfordernder Kampf. Denn hat der Helfer, der sich dem anderen hinhält um der Liebe willen, erst einmal versagt, so fällt die mühsam aufgestemmte Seelentür des anderen zurück ins Schloß, quasi mit der Vorstellung: „Siehste, hab' ich ja gleich gewußt. Wenn der erst mal sein wahres Gesicht zeigt, wenn ich dem erst einmal seine heuchlerische Maske von Güte und Liebe heruntergerissen habe – was kommt darunter zum Vorschein: ein Böser, ein mich Hassender, ein Menschenfresser."

Von *Schuld* im eigentlichen Sinne aber kann man bei diesen Menschen, die so oft wegen schwerer Straftaten von unseren Gerichten verurteilt werden müssen, nicht sprechen. Sie sind die, von denen Christus sagte, daß sie „nicht wissen, was sie tun". Sie sind Kranke. Denn es fehlt ihnen die Möglichkeit, sich auf den Weg zu machen, sich zu stellen und die Veränderung bei sich selbst zu suchen. Gerade das können diese Menschen nicht. Soll ihnen geholfen werden, so brauchen sie einen Menschen, der sich ihnen hinhält – so wie eine Mutter es am Lebensanfang für ihr Kind tun kann und tun sollte. Manchmal, ganz selten nur, erlebt der eine oder der andere am Menschen dieses Wunder. Dostojewskij beschreibt es eindrucksvoll in seinem Roman „Raskolnikow" – dieses Erkennen seiner

Schuld im Erleben der Liebe von Sonja und damit und daran die Möglichkeit zur Sühne. Im allgemeinen aber wird die wandelnde Kraft gegengeschlechtlicher Liebe überschätzt. Denn *dieser* Weg zum Heil bedarf ja nicht nur der einmaligen leiblichen Hingabe – es bedarf des täglichen Vollziehens der Freundschaft gegen die Aggression, der Tröstung gegen die Beleidigung, der Vergebung gegen die Mißhandlung, des Tränkens gegen den täglich erneuerten Versuch des Kranken, die Quelle der Liebe des anderen zuzuschütten und auszutrocknen. Selbst voll opferbereite liebende Frauen sind überfordert, wenn sie so einen kranken Menschen heiraten und mit ihm Kinder haben. Denn da die Macht des Dunklen sehr schnell entdeckt, wie verwundbar eine Frau dort ist, wo ihre Kinder bedroht sind, wendet sich der Kranke gegen diese seine eigenen Kinder. Und deshalb brechen selbst langmütige Frauen häufig gerade an dieser Stelle zusammen.

Das hört sich sehr dramatisch an – ist aber die Wirklichkeit, in der wir alle stehen. Eine große Zahl von Menschen ist heute in dieser Weise krank – und täglich werden durch unsere falschen Vorstellungen von Säuglings- und Kinderpflege, durch die Berufsarbeit der Säuglingsmütter, durch die Verlassenheit der Kleinkinder Seelenkrüppel dieser Art gezüchtet. Sie alle brauchen später jeder *einen* Engel, einen Menschen, der durch sein Wissen und seinen Glauben bereit ist, ihm zum Heil zu verhelfen. Woher sollen wir in Zukunft all diese Engel nehmen? Trotzdem haben wir die Möglichkeit, jeder von uns bei sich selbst anzufangen. Helfen kann uns dabei allein schon das Wissen, daß die, die uns enttäuschen, uns schaden und weh tun, in den seltensten Fällen wissend böse sind, sondern daß ihr Tor noch nicht aufgeschlossen ist. In solchen Fällen sollte unsere Konsequenz nicht heißen: „So, nun verschließe ich mich eben auch" – sie sollte heißen: „Sieh, die böse Tat ist ein deutliches Zeichen dafür, daß es für *diesen* Menschen nicht genug Liebe war, die ich ihm schenkte. Er braucht mehr – ich muß ihm mehr Liebe geben!" Sie werden erkennen: Diese Haltung ist schwer, und deshalb sagt Christus mit Recht: „Was ihr dem *Ärmsten* meiner Brüder getan, das habt ihr mir getan." Denn oft reicht ein Leben kaum, um einem dieser Ärmsten genug vom Brot der Liebe zu geben, so viel, daß er endlich satt, so viel, daß er endlich reich ist. Erst der in dieser Weise reich gewordene Kranke kann aus dem nachgeholten Paradies-Erlebnis des Geborgenseins die Gewissensinstanz entwickeln, den anderen nicht auffressen, sondern ihn lieben zu wollen. Hier schließt sich der Kreis: Die Bremse gegen die Unersättlichkeit nach Liebe entsteht durch den Impuls, einen Riesenanspruch aufgeben zu wollen, um den anderen zu schonen, um ihm nicht zu schaden, sich selbst zurückzustellen – um des andern willen.

Der verkopfte Mensch

Träume sind nicht immer Schäume. Tiefenpsychologen beachten sie, arbeiten mit ihnen in der Praxis, weil sie oft in erstaunlich eindeutigen Bildern die innere Problematik, den Kern der Schwierigkeiten eines seelisch kranken Menschen in erhellender Weise zum Ausdruck bringen können. Ja, manchmal entspricht die Not des einzelnen der fragwürdigen Situation *vieler* Menschen, dem kranken Geist einer ganzen Generation. Wie das konkret aussehen kann, möchte ich an einem Beispiel, an dem Traum eines Arztes, verdeutlichen.

Ihm träumte, er mache durch die Krankenzimmer der Universitätsaugenklinik, an der er in der Tat arbeitete, eine Visite. Dabei stellte er voller Staunen und mit zunehmendem Grauen fest, daß in allen Zimmern die Betten in geradezu militärischer Ordnung unberührt waren, während die Patienten lediglich als Köpfe auf den Nachttischen standen.

Wenn man dieses Traumbild in eine abstrakt-logische Sprache übersetzen wollte, so könnte man seine Aussage etwa folgendermaßen formulieren: Die ärztliche Kunst ist „verkopft", sie behandelt nicht mehr den ganzen Menschen, sondern das einzelne kranke Organ. Sie ist in Spezialwissenschaften zergliedert worden, die den Spezialisten erfordern. Aber das Entsetzen, das den Träumer gepackt hält, zeigt darüber hinaus, daß hier nicht nur ein äußerer Zustand bildhaft-anschaulich beschrieben wird, sondern daß er selbst in einem solchen Prozeß der „Verkopfung" steht, gegen den sich seine Seele angstvoll warnend wehrt.

Dem Schicksal der „Verkopfung" kann ohne besondere Gaben, ohne Glück und besondere Anstrengung kaum ein Mensch in unserem Kulturkreis heute entgehen, wenn er, mit sechs Jahren eingeschult, der unausgesetzten Intellektualisierung unseres Bildungssystems über zehn, zwölf, ja bei den Studierenden oft über zwanzig Jahre anheimgegeben wird. Je älter die Lernenden sind, je höher der Leistungsanspruch wird, den man an sie stellt, um so mehr wird ihre Bildung zur Ausbildung vornehmlich ihres Verstandes, ihres Denkens. Das ist beileibe nicht schlecht, sondern als Voraussetzung für die Berufsausübungen im technischen Zeitalter unumgänglich – und dennoch bedeutet es Einseitigkeit, die wie jedes Extrem seine speziellen Gefahren in sich trägt. Es gibt eine Überspitzung, ja eine Wucherung, so könnte man sagen, der Denkfunktion, die der dänische Arzt und Tiefenpsychologe Ewald Bohm als Verkopfungsneurose bezeichnet hat. In seinem Lehrbuch schreibt er darüber unter anderem: „Diese Menschen zerreden alles und erleben nichts, sie sind sich nicht darüber im klaren, daß sie alles zerdenken und zerreden aus *Angst* vor dem *Erleben*. Sie glauben meist, sich vorzüglich zu kennen, haben aber eine unerhörte Panzerung. Sie glauben an die Allmacht der Gedanken. Der ganze Angstschutz wird mehr oder weniger durch den Mechanismus der Intellektualisierung bewältigt. Besonders unter den Akademikern heute ist diese Neurose nicht selten."

Nun, eine Neurose ist – das wissen wir seit Freud – eine seelische Erkrankung, die darauf beruht, daß ein lebenswichtiges, drängendes Bedürfnis des Menschen nicht verwirklicht wird, sondern statt dessen einem angstvollen inneren Ausschluß, einer sogenannten Verdrängung anheimfällt. Was denn aber verdrängt der „Verkopfte" – wehrt er sich gegen den Antriebsdruck sexueller Triebansprüche, wie Freud das doch bei so vielen seiner Patienten nachweisen konnte? Nein, das ist heute in den selteneren Fällen so. Was der Verkopfte sich verbietet, was er sich schamvoll nicht gestattet, ist, seiner gesamten Gefühlswelt freien Lauf zu lassen, ja sie überhaupt zu haben. Das liegt vor allem daran, daß unser Zeitgeist solch eine Dominanz des Denkens und seine Überbewertung geradezu vorschreibt. Seit dem Ende des vorigen Jahrhunderts befinden wir uns in einer Neubelebung, einer zweiten Phase des Zeitalters der Aufklärung, das im 18. Jahrhundert begann. Kants Aufruf, der selbstverschuldeten Unmündigkeit dadurch zu entfliehen, daß man sich seines eigenen Verstandes bediene, ist für einen großen Teil der Menschen in den abendländischen Kulturen heute zur Wirklichkeit geworden.

Aber viel einseitiger als bei Kant gilt heute für viele Menschen das Nichtbeweisbare als nicht-existent. Die reine Luft der Naturwissenschaft, die an der Erfahrung gewonnene Erkenntnis, die im Nachvollzug verifizierbar ist, beherrscht das Feld. Und man fährt gut dabei. Aus der Verbindung zwischen dem abstrakt-logischen Denken und der Wirklichkeit geht die Technik hervor, die in wenigen Jahrzehnten dem Menschen eine ungeheuerliche Befreiung aus Umweltnöten, existentiellen Fesselungen und harter Mühsal erbringt.

Aber sie erbringt ihm auch – im Bewußtsein seiner Erfolge, im Erfahren seiner Machtmöglichkeiten durch die Veränderbarkeit der Lebensformen mit Hilfe der Technik – eine einseitige Überwertung dieser Leistungen und ihrer Voraussetzung: nämlich des naturwissenschaftlichen Denkens. Mit der Dominanz dieser Bereiche geht eine hochmütige Überschätzung der Verstandeskräfte, der „Machbarkeit" der Welt und der Position des Menschen in ihr einher. Daß dieser Hochmut dringend der Besinnung bedarf, das wird uns heute schon allein daran sichtbar, daß aus den unvorhersehbaren Nebeneffekten unserer Vertechnisierung plötzlich Gefahren eines Ausmaßes erwachsen, in deren Anblick gerade die kühnen Erfinder selbst das blanke Grauen befällt; denn von vielen Seiten her sieht sich der Homo technicus von seinen eigenen Waffen lebensgefährlich bedroht – durch die Atombombe, die Verschmutzung von Luft und Wasser, durch das Ersticken im Abfall und vor allem durch das denaturierte, zum bequemen Schlaraffenland gewordene Leben selbst, das seelische und körperliche Krankheiten verursacht und vermehrt.

Aber der „verkopfte" Mensch heute ist noch weit davon entfernt, zu erkennen, daß diese Gefahren eine Folge der einseitigen Überwertung eines einzelnen Astes an seinem Lebensbaum, des Denkens, ist, daß er alle anderen absägte, weil er diesen einen allein für fruchtbar hielt, damit aber jetzt eine verarmte, verstümmelte Krone der Schöpfung verkörpert. Denn mit der Überbetonung des Erforschbaren, des Beweis- und Nachprüfbaren geht eine Beschränkung auf das Sichtbare, eine Eingrenzung des Aktionsraumes auf die Oberfläche, auf das in der Realität in Erscheinung Tretende einher.

Aus dieser Überbewertung des Verstandes und der Realität wächst automatisch ein Mißtrauen gegen alles Unsichtbare. Der unerklärbare Rest erzeugt Unbehagen, wodurch nach dem Satz von Morgenstern: „... und so schließt er messerscharf, daß nicht sein kann, was nicht sein darf", der Verdrängungsprozeß eingeleitet wird. Da ich das Fühlen nicht erklären, Seele nicht beweisen kann, sind diese Bereiche auf jeden Fall wertlos, ja vermutlich überhaupt nicht existent, „Einbildungen" von pathetischen Alten oder hysterischen Weibern. Deshalb gehört das sogenannte Understatement, das sich betont nonchalant, unerregbar gebende Benehmen konsequenterweise zum Verhaltensstil der Menschen in unserer Zeit. Es ist nicht nur unfein, seinen Gefühlen freien Lauf zu lassen, nein, man empfindet es als peinlich, als abstoßend; Menschen, die es nicht schaffen, diese uniforme Maske sachlicher Nüchternheit und Unberührbarkeit anzulegen, fallen sehr schnell der Verachtung und der Isolierung anheim. Wer weint und jubelt, ist auf jeden Fall suspekt, und einem Zornigen wird sehr schnell vorgehalten, seine eigenen Probleme noch nicht hinreichend bewältigt zu haben. Denn leidenschaftliche Gefühlsäußerungen – mögen sie noch so berechtigt sein – gelten als gefährliche Schwächen, von denen es sich zu distanzieren gilt, ja die auf jeden Fall vom Homo technicus nicht ernst genommen zu werden brauchen.

Der Kampf gegen das „Irrationale", seine Verteufelung zu einem Teilbereich, der beeinflußt werden muß, weil man wähnt, daß er dem Menschen schade und den Fortschritt hemme, gehört nicht nur zum wissenschaftlichen Stil unserer

Zeit, sondern hat auch bereits einen großen Teil der einfachen Bevölkerungsschichten erfaßt, ja, er steht sogar auf dem Banner mancher modernen Schriftsteller.

Da dem Bereich des Gefühls auch das Religiöse angehört, ist es geradezu selbstverständlich, daß man es achselzuckend beiseite tun muß. Von der Warte des naturwissenschaftlichen Denkens her bedarf es dazu nicht einmal des eliminierenden Wortes. Für die Naturwissenschaft ist Religion indiskutabel; denn sie gehört nicht in ihren Bereich. Und da viele Menschen heute – keineswegs nur die Wissenschaftler selbst – sich mit der Naturwissenschaft identifizieren, ist es nur ein kleiner Schritt, auch die Religion für Einbildung alter Esel, dummer Unmündiger, ungebildeter Abergläubiger zu erklären. Mythen und Märchen, biblische Geschichten sind überholte Hirngespinste vergangener Zeiten; sie mögen musealen Wert haben eignen sich aber nicht mehr – so ist allgemein die gängige Meinung – für uns und sollten infolgedessen am besten gar nicht mehr an Kinder herangebracht werden.

Unsere Kinder, so lautet eine supermoderne pädagogische Tendenz, müssen vor allem für die Wirklichkeit vorbereitet und intellektuell geschult werden. Deshalb sollten sie bereits im Vorschulalter das Lesen lernen, sexuell aufgeklärt, sozialistisch unterrichtet und mit fünf Jahren eingeschult werden; und zwar *alle* Kinder, nicht etwa nur die Jungen, denn auch die Mädchen – so meint man – bedürfen durch eine noch verlängerte intellektualisierte Erziehung einer Befreiung aus dem dumpfen Dornröschen-Schlaf ihres Gefühlslebens!

In der *Überwertung* des Intellekts, in der *Abwertung* des Gefühls also besteht der Prozeß der Verkopfung des Menschen. Nun, wir brauchten diesen Vorgang nicht zu beklagen, wir bedürften nicht der warnenden Träume wie unser Mediziner, von dem ich am Anfang berichtete, wenn nicht die Psychopathologie, und in diesem Fall besonders Ewald Bohm, nachweisen könnte, daß wir damit in der Gefahr stehen, seelisch zu erkranken – an einer Verkopfungsneurose. Es gehört zum Wesen jeder Neurose, daß die Bedürfnisse, die verdrängt werden, unbewußt und undifferenziert, oft unter vulkanartigem Druck wieder zutage treten – oft katastrophal, weil ungebändigt, unkontrolliert und übermächtig. Da aber unsere Gefühlsbereiche für uns genauso existent sind wie unsere Sinne, unser Körper, unser Denken, sind sie in uns nicht einfach abtötbar. Sie melden sich also mit Vehemenz um so mehr zu Wort, je mehr sie verleugnet wurden. Solche Anzeichen für undifferenzierte Gefühlsstürme gibt es in unserer Zeit schon in großer Zahl. Jazz, Beat, der magische, tranceähnliche Rüttelwahn unserer Tanz-Festivals sprechen die sehr deutliche Sprache entfesselten Gefühls, die Sprache von „Ent-staltungsprozessen", wie Muchow das nannte – als Kompensation gegen unser einseitiges Bildungssystem. Als Riesenhunger vieler junger Menschen nach Gefühlserlebnissen sind auch die Massenerfolge mancher Schlagersänger aufzufassen, und die Gefahr der Überflutung und Verseuchung mit Rauschgift ist nicht nur eine Folge unseres Wohlstandes, sondern hat zu einem Teil seine Wurzel im Realitätsüberdruß der Menschen heute – in ihrer existentiell drängenden, berechtigten Sehnsucht nach dem Unsichtbaren, dem berauschenden, dem großen Gefühl, das die Grenzen sprengt.

Es gehört zum Wesen unseres Gefühls, die Grenzen des Greifbaren überschreiten zu können. Es kennt nicht nur die Dimension des Horizontalen, des Flächigen, sondern vor allem die des Vertikalen, der Höhe und der Tiefe. Mit seinem Gefühl ist der Mensch imstande, etwas zu ahnen von seiner Abkunft und Hinkunft, vom Sinn und Ziel seines Lebens. In seinen Gefühlen kennt der Mensch Ehrfurcht, Dankbarkeit, Gehorsam, Auflehnung und Geborgenheitssehnsucht nicht nur als Impulse, die allein gegen Mitmenschen gerichtet sind. Es ist, wie Goethe es ausdrückt, die Sehnsucht, „sich einem Höheren, Reineren, Unbekannten aus Dankbarkeit freiwillig hinzugeben". Wenn man – wie unsere Zeit – dieses religiöse Bedürfnis mit intellektuellen Argumenten unterbindet, so treibt es unkontrollierte, oft primitive Blüten, um sich Gehör zu verschaffen. Zu solchen Erscheinungen gehören Phantasien à la Dänikken, wonach wir Menschen hier von außerplanetarischen Wesen heimgesucht worden seien – Phantasien, die wissenschaftlich völlig unhaltbar sind, die aber dennoch eine solch zündende Kraft entfalten, daß die Bücher dieses intuitiv begabten Schweizers über Monate auf den Bestsellerlisten stehen. Denn sie geben dem verdrängten transzendenten, religiösen Bedürfnis Nahrung. Ebenso ist es mit der Phantasie von fliegenden Untertassen und den Erfolgen von Fernsehserien wie „Besuch von der Wega", wobei solche Geschichten durch ihre Bedrohlichkeit und die Phantasie der zerstörerischen, feindseligen Aktivität der außerirdischen Wesen eine Projektion des unbewußten Schuldgefühls darstellen, das sich immer im Menschen einstellt, wenn er Bereiche, die für ihn existentiell notwendig sind, vernachlässigt. Verliert er zu den Bezirken des Gefühls die Beziehung, so tauchen sie als dämonisierte, undifferenzierte Angst vor dem Unheimlichen wieder auf. Das ist in einem um so stärkeren Maße der Fall, als er durch das Abschieben von Geburt und Tod in die Kliniken zunehmend mehr die Berührung verliert mit Erlebnissen, die geeignet sind, ihm seine Ohnmacht deutlich erfahrbar zu machen. Die Selbsttäuschung, kraft seines Geistes Herr über Leben und Tod zu sein, verschüttet das ihm lebensnotwendige Gefühl der Demut, so daß er unter diffusen Straf- und Vernichtungsphantasien zu leiden beginnt.

Aber nicht nur in einer groben Dämonisierung der Phantasie, die in Form von Krimis, Comics und anderen Reißern in unserem Vergnügungsbetrieb eine gängige, gut verkäufliche Ware bildet, zeigt sich der Durchbruch verdrängter Gefühlsbereiche. Ebenso grob und undifferenziert wird das Bedürfnis zu erleben in der Sexwelle sichtbar – in den immer dick und dicker aufgetragenen Aufrufen zum Orgasmus, in der immer genaueren Information über Paarungstechniken, in der geradezu blöden Vorstellung, Kinder sexualisieren zu müssen, am besten schon im Kindergarten, damit ihnen nur so bald wie möglich das Glück der freien Liebe zum Lebensgeschenk werde. Aber was hier – vermischt mit Technisierung und Intellektualisierung – als Befreiung zur Lust in Erscheinung tritt, vermag den Menschen heute genausowenig zu erlösen wie Beatekstasen und LSD-Rausch. Denn wer den Trieb vertechnisiert, entzaubert die Liebe – die groben, undifferenzierten Entlastungsversuche erbringen keine ergänzende Kommunikation zwischen Fühlen und Denken.

Ich möchte an dieser Stelle noch einmal daran erinnern, daß das eben Gesagte keine willkürlichen Deutungen sind. In der Praxis, am Einzelfall, läßt sich die „Verkopfungsneurose" und ihre Gesetzmäßigkeit durchaus studieren. Auch der einzelne „Verkopfte" zeigt ähnliche Symptome, wie ich sie als kollektive Erscheinung eben beschrieb. An dem Fall eines Lehrers, der als Vater zu mir geschickt wurde, weil seine Kinder schwere Auffälligkeiten zeigten, soll der Sachverhalt noch einmal konkret beleuchtet werden. Dieser Pädagoge war selbst aus einer Lehrerfamilie hervorgegangen. In derselben Weise, wie er mit seinen Kindern verfuhr, war er von seinem Vater schon als kleines Kind mit unnachgiebiger Zähigkeit zum Lesen, Schreiben und Rechnen angehalten worden, längst bevor er in die Schule kam. Von früher Kindheit an war er von einem Redestrom seines Vaters geradezu zugedeckt worden, der ihm alles erklärte, was es zu erklären gab; „Denn", so sagt dieser erwachsene Mann noch heute, „mein Vater wußte alles." „Schon als Junge war ich ein Stubenhocker, geradezu ein wissenschaftlicher Typ. Dennoch habe ich mit zunehmendem Alter immer mehr Schwierigkeiten bekommen." Einerseits habe er vor lauter Genauigkeit Mühe gehabt, eine Arbeit zu vollenden, andererseits habe er sich als absolut phantasielos empfunden. Ihm sei immer weniger eingefallen – etwa bei den deutschen Aufsätzen, überhaupt hätte ein Gefühl von Leere immer mehr von ihm Besitz ergriffen. Auf meine Frage, ob er denn nicht so etwas kenne wie einen Temperamentsausbruch, wehrt er erschrocken ab und hält mir eine halbstündige Rede über seine Ausgeglichenheit, seine Gabe, Probleme im Schulbetrieb, mit den eigenen Kindern und der Ehefrau per Diskussion lösen zu können, usw. Da ich registriert hatte, daß dieses „Zerreden" dort begonnen hatte, wo ich mit meiner Frage anscheinend an einen wunden Punkt gerührt hatte, sprach ich unter vier Augen die Ehefrau auf Jähzornausbrüche ihres Mannes an, worauf die Flut dieser Familiennot in Tränenströmen aus ihr herausbrach. Wie erwartet, zeigte sich die Verkopfungsneurose dieses Lehrers nicht nur in einer skrupelhaften Pedanterie, in einer Einschränkung seines Einfallsreichtums, sie zeigte sich auch in groben, unmotivierten Wutausbrüchen, in denen der sonst so beherrschte Mann das Mobiliar zerschlug, Frau und Kinder trat, boxte, kniff und mit Gegenständen bewarf. Nach den zerrüttenden Tobsuchtsanfällen wolle er sich aber an nichts erinnern und leugne es, mit zerbrochenen Vasen und Blutergüssen etwas zu tun zu haben. Ihr Mann sei rechthaberisch, starrsinnig und intolerant, gab diese Frau seufzend an. Er besäße aber ein immenses Wissen, so daß er ein fabelhafter Pädagoge sei – nur für Kunst und Religion habe er einfach keine Antenne.

Ich habe diesen Fall hier vor allem deshalb geschildert, um deutlich zu machen, wie gesetzmäßig die Verleugnung von Affekten ihre überbordenden Durchbrüche begünstigt. Deshalb beschwört eine einseitige Intellektualisierung immer die Gefahr herauf, daß man aus Denksystemen Utopien zusammenbastelt, daß der ideologisierte Hochmut der Allmacht der Gedanken plötzlich zum fanatischen Kampfgeist wird, der von einem Zustrom ungepflegten Gefühls aus dem Unbewußten unterstützt, zum dogmatischen Machtanspruch wird. Vom Diskutieren um Rechte zum gewalttägigen Raub der Macht ist deshalb gerade und erstaunlicherweise bei diesen Menschen nur ein kurzer Weg. Auf Intellektualisierungen in den Zeitströmungen folgen daher in der Geschichte meist Revolutionen und nach ihrem Sieg die Militärdiktatur.

Eine so breitflächige Intellektualisierung wie heute in den westlichen Zivilisationen freilich ist wohl einmalig in der Geschichte. Wie in der Verkopfungsneurose des einzelnen können wir konstatieren: 1) die Verarmung der Phantasie und damit eine Minderung des künstlerischen Niveaus; 2) das Symptom des „Zerredens" in Sitzungen, Diskussionen, Tagungen, Gremien und Kommissionen; 3) undifferenzierte Gefühlsausbrüche in Beat-, Sex- und Fußballrummel; 4) fanatische Ideologisierungen von utopischen, „erdachten" Weltverbesserungsideen, wobei Intoleranz, Dogmatismus und diktatorischer Machtwille als unkontrollierbare, weil abgewertete und verdrängte Affekte sich zunehmend lautstark Gehör verschaffen; denn verdrängtes Gefühl ersteht neu als Gewalttat.

Wir können die Welt nicht dadurch verbessern, daß wir – wie zum Beispiel die Journalistin Leona Siebenschön neulich vorschlug – die Frauen zu sich selbst befreien, indem wir den meisten verbieten, Kinder zu bekommen, und es nur einigen ganz wenigen auserwählten gestatten! Nimmt man den Frauen eine ihrer letzten Bastionen der Pflege ihres Gefühls in der ungestörten Mutterschaft, so werden Schillers Hyänen, die mit Entsetzen Scherz treiben, bald nicht mehr legendär sein.

Wie heilt man Verkopfungsneurosen? Indem man solche Kranken zum Erleben befreit, indem man sie auf ihre Gefühle aufmerksam macht, sie beachten, achten und pflegen lehrt, und zwar gilt das auch für religiöse Bedürfnisse und religiöse Gefühle.

Der Psychoanalytiker James Hillman schreibt: „Auch müssen wir den Auswirkungen einer Theologie, die zu einer Theo-Thanatologie oder zu einer Erforschung des ‚toten Gottes' geworden ist und die entmythologisiert, entgegentreten, da die Analytische Psychologie gerade die entgegengesetzte Auswirkung zu haben pflegt. Sie bewegt sich auf ‚re-mythologisierende' Erfahrungen mit religiösen Auswirkungen zu. Überragende emotionale Ideen, wie die Vorstellung und das Bild Gottes, können wohl aus dem psychischen Leben verschwinden, können ‚absterben', aber nicht für lange Zeit. Die an diese komplexen Ideen und Gefühle gebundene Energie verschwindet nicht einfach, sosehr der Mensch sich vielleicht auch von der bedrängenden Vorstellung Gottes befreien möchte, indem er theologische Nachrufe schreibt. Für die Psychologie handelt es sich nicht darum, daß ‚Gott tot ist', sondern in welcher Form diese unzerstörbare Energie jetzt in der Seele wiedererscheint."

Nur ungepflegt erscheint diese Energie als Aberglaube, als Glaube an den Arzt und das Medikament, als Glaube an die Wissenschaft, an ein sozialistisches Paradies. Lernt es ein Mensch aber, mit seinen Gefühlen zu leben, auf sie zu horchen, den Platz, die Zeit der Sammlung für sie wieder einzuräumen, so findet er sich unversehens bereichert. Er erlebt, daß es so etwas gibt, wie eine „Stimme des Herzens", die oft Entscheidungen zielsicherer zu treffen weiß, als umständliches intellektualistisches Abwägen, er findet einen angemessenen Standort z. B. in der Besinnung auf seine unabwendbare Endlichkeit hier auf der Erde. Er kann erfahren, daß es ein Intuieren, ein „Zusammenschauen" gibt, das andere, aber nicht minder wertvolle Erkenntnisse zu liefern vermag als abstrakt-logisches Nachdenken allein. Deshalb sagt Hillman mit Recht: „Je tiefer man in das eigentlich Wesenhafte seiner selbst eindringt, desto mehr fühlt man, daß persönliche Probleme eine allgemein menschliche Dimension annehmen und daß die wesentlichen Wahrheiten in bezug auf einen selbst allgemeingültig werden. Man hat den Eindruck, daß die Tiefenanalyse zu einer seltsamen, dunklen Mitte hinführt, wo es schwierig wird, das Unbewußte von der Seele und vom Bild Gottes zu unterscheiden. Die Seele ist so verflochten mit dem Unbewußten, und die Probleme der Religion sind so lebenswichtig für die Seele, daß wir, ob wir wollen oder nicht, zu Aussagen über Gott kommen, einfach weil wir Zeugen der bestürzenden Entdeckung Seines Seins innerhalb einer Analyse werden."

Wo Gefühle gepflegt werden, kommt es immer zum Bewußtwerden von religiösen Bedürfnissen und religiösen Erlebnissen. Das ist eine Erfahrung, die sich in der tiefenpsychologischen Arbeit auf die Dauer nur schwer verleugnen läßt. Der Traum eines jungen Mannes, der konfessionslos aufgewachsen war, soll das abschließend verdeutlichen.

Ihm träumte, er habe sich in der Krypta eines herrlichen alten Domes befunden. Es sei sehr dunkel in diesem Raum gewesen und nur durch ein kleines Seitenfenster sei schwaches Licht hineingefallen. Auf der steinernen Fensterbank aber habe unter einem helmartigen Gitter aus schweren Eisenstangen ein überaus prächtiges Heiligtum gestanden: eine goldene Kugel mit einem Kreuz darauf – erschütternd schön. Es habe ihn ein großes Verlangen gepackt, das Heiligtum zu besitzen. Er habe begonnen, an den Eisenpfählen zu rütteln, aber sie seien fest in die Fensterbank eingeschweißt gewesen. Schließlich habe er eine Feile gefunden und mühsam Zentimeter für Zentimeter die Eisenträger aufgesägt. Schließlich sei ihm das auch gelungen und er sei schweißtriefend und mit klopfendem Herzen aufgewacht.

Dieser Traum brauchte dem jungen Mann nicht mehr gedeutet zu werden. Er hatte selbst erkannt, daß er seinen Glauben nur ins Dunkle seines Unbewußten verbannt hatte, daß er mit Eisenstäben von Erziehung und rationalem Denken unzugänglich gemacht worden war – daß aber Kostbarstes gerade in ihm verborgen sei. Es bedurfte keiner Mühe mehr, diesem Jungen noch ein paar Nachhilfestunden zu geben und in seiner Seele Kugel und Kreuz quasi auf den Kirchturm zu setzen – die Darstellung göttlicher Vollkommenheit unter dem Symbol opferbereiter Liebe zum Zielpunkt seines personalen Strebens zu machen – zwischen Himmel und Erde.

Gesicht in der Menge

Über 500 Bände Herderbücherei

Achtzehn Jahre brauchte die Herderbücherei, um ihren 500. Band zu erreichen. Auf den 1000. Band brauchen die Leser keine zehn Jahre mehr zu warten. Die Taschenbuchredaktion hat in letzter Zeit ein neues Tempo vorgelegt. Statt zwei bis drei, erscheinen jetzt fünf bis sechs Bände im Monat. Flucht in die Quantität?

Das wird ernsthaft bestritten. Mehr Titel – das sei die Antwort auf mehr Fragen, die heute auf die Herderbücherei zukommen. Man spricht von Alternativrolle, in die man durch die doktrinäre Einseitigkeit anderer großer Serien gedrängt werde.

So entstand die Gelbe Serie (Gesamtauflage jetzt 300000), in der u. a. Helmut Schoeck, Hermann Lübbe, Wilhelm Hennis und Günter Rohrmoser eine wirksame publizistische Plattform fanden. Auch der 500. Band – eine kritische Zwischenbilanz unseres Zeitalters von Anton Böhm „Leben im Zwiespalt" – erschien in dieser Titelgruppe. Ab Oktober 1974 wurde der Rahmen weitergesteckt. Herderbücherei INITIATIVE, ein von Gerd-Klaus Kaltenbrunner herausgegebenes Zweimonatstaschenbuch, soll den kulturrevolutionären Zukunftsvorstellungen ein Programm der praktischen Vernunft entgegenstellen. Die ersten Titel: Plädoyer für die Vernunft, Klassenkampf und Bildungsreform, Die Herausforderung der Konservativen.

Psychologie und Psychagogik sind das zweite große Thema der Herderbücherei. Hier reiht sich von Joachim Bodamers „Mensch ohne Ich" bis zu den Publikationen von Christa Meves, die in den letzten drei Jahren in der Herderbücherei eine Taschenbuchauflage von 650000 Exemplaren erreichte, Erfolg an Erfolg. Dabei ist in allen Bänden davon die Rede, daß der Mensch zunächst einmal sich selbst ändern muß, wenn er glücklich werden will. Auch die Serie Pädagogik, die seit 1973 das populäre Programm der Elterninformation mit Fachberichten für den Lehrer ergänzt, läßt utopische Weltverbesserungsideen links liegen und wendet sich der Schulwirklichkeit zu.

Daß die religiöse Frage nicht ausgeklammert werden kann, wenn man sich mit den Bedingungen einer humanen Existenz beschäftigt ist selbstverständlich. Die Herderbücherei zog die Konsequenz daraus und brachte in regelmäßiger Folge Glaubensdokumente und aktuelle theologische Informationen. Die führenden Denker beider Konfessionen sind in der Autorenliste mit beträchtlichen Auflagezahlen vertreten, u. a. Karl Rahner (770000), der Friedenspreisträger des Deutschen Buchhandels 1974 Roger Schutz (263000), Hans Küng (70000) und Helmut Thielicke (76000). Für das Jubiläumsprogramm beschrieb der tschechische Schachgroßmeister Ludek Pachman seinen Weg vom Marxismus zum Christentum. Dem Lebenszeugnis des einzelnen mißt die Redaktion besondere Bedeutung bei.

Über fünfhundert Bände – Rücken an Rücken gestellt eine Phalanx von 5,80 m – eine Vielfalt, die sich nicht auf ein paar Grundlinien reduzieren läßt. Wo soll man die „Blaue Serie" einordnen, in der Experten wie Carl Friedrich von Weizsäcker, Karl Steinbuch, Joachim Illies (210000), Heinrich Zoller, Grenzfragen der Naturwissenschaften diskutieren? Wohin mit den Nachschlagewerken und Studienbüchern, die Semester für Semester ihren Käuferkreis finden? Darf man die historischen Taschenbücher unerwähnt lassen, die bewußt gegen den Trend der Geschichtslosigkeit geschrieben und verlegt werden?

Achtzehn Jahre Herderbücherei, das ist selbst schon ein kleines Stück Geschichte, am deutlichsten ablesbar am Verstummen der großen katholischen Literaturbewegung, die im Beginn der Reihe z. B. durch Reinhold Schneider, Werner Bergengruen, Georges Bernanos und Paul Claudel repräsentiert war. Von den literarischen Ansätzen blieb nur die Tradition eines G. K. Chesterton und eines Bruce Marshall: das humoristische Feuilleton, die hintergründige Zeitsatire. Dieses Gebiet wird von der Redaktion nach wie vor mit stiller Vorliebe gepflegt; denn das befreiende Lachen soll den Herderbücherei-Lesern nicht ausgehen. Ein optimistisches Vorhaben freilich, wenn man bedenkt, daß Herder nach einer neuen Allensbach-Umfrage 6 Millionen Taschenbuchkunden erreicht.

Christa Meves / Joachim Illies
Lieben – was ist das?

Ein Grenzgespräch zwischen Biologie
und Psychologie

Herderbücherei Band 362 · ·   128 Seiten, 10. Auflage

Die Eigenart menschlichen Liebens, die mögliche Falschprogrammierung und Lernbarkeit des Liebenkönnens sowie die menschliche Gestaltung des Liebens im Vergleich zum instinkthaften Verhalten der Tiere sind die großen Themen dieser Grenzgespräche zwischen der Psychagogin Christa Meves und dem Biologen Joachim Illies.

Herderbücherei

Christa Meves
„Ich reise für die Zukunft"

Vortragserfahrungen und Erlebnisse einer Psychagogin

192 Seiten, 19,5 × 16,5 cm, Best.-Nr. 16845,   2. Auflage

Christa Meves, Erfolgsautorin und Psychagogin aus Leidenschaft, gibt in diesem Buch einen Erlebnisbericht über ihre Erfahrungen und Beobachtungen bei ihren zahlreichen Vortragsveranstaltungen. Ein echter Meves-Titel, der aber zugleich, stärker als die früheren Bücher, etwas von der Verfasserin selbst sagt. Hierin liegt der besondere Reiz dieses temperamentvoll geschriebenen und mit brillanten Beobachtungen gefüllten Buches.

Herder Freiburg · Basel · Wien

Christa Meves / Joachim Illies
Mit der Aggression leben

Band 536 ·· 128 Seiten

Anhand vieler anschaulicher Beispiele baut dieses Taschenbuch Vorurteile ab und ermöglicht ein differenziertes Urteil. Aus dem Dialog zwischen der Psychagogin Ch. Meves und dem Zoologen J. Illies wird deutlich, daß Aggression zunächst einen lebenserhaltenden Sinn hat. Mit einer Verteufelung der Aggression ist weder Eltern noch Erziehern geholfen; wir müssen vielmehr ihre Lebensfunktion durchschauen lernen, um in einer schwierigen Situation besonnen reagieren zu können.

Christa Meves
Unser Leben muß anders werden

Band 571 ·· 128 Seiten

Die Unkenntnis und Mißachtung der Gesetze seelischen Reifens, die Emanzipation der Mütter von ihren Kindern, der Abbau väterlicher Autorität, eine Erziehung, die verwöhnt statt fordert – solche Verhaltensweisen machen den Menschen unglücklich und krank. Die bekannte Psychagogin zeigt an vielen Beispielen aus der Beratungspraxis, daß wir eine andere Lebenseinstellung gewinnen müssen, wenn wir unseren Kindern und uns selbst eine lebenswerte Zukunft sichern wollen.

Christa Meves
Lange Schatten – helles Licht

Aus dem Tagebuch einer Psychagogin

Band 590 ·· 144 Seiten

Christa Meves berichtet auf der Grundlage von Tagebuchnotizen aus der reichen Erfahrung ihrer psychagogischen Praxis. „Kann ich bei dir bleiben?" fragt der kleine elternlose Martin, und hinter dieser Frage steckt sein ganzes Schicksal. Das ist nur einer von zahlreichen „Fällen": Kinder und Jugendliche sowie Eheleute, alle suchen Hilfe, hoffen insgeheim, daß ihr zerstörtes Lebensschicksal doch noch zu „reparieren" sei.

Herderbücherei